Bernhard Waszkewitz

Das psychophysische Problem

Bernhard Waszkewitz

DAS PSYCHOPHYSISCHE PROBLEM

ibidem-Verlag
Stuttgart

Bibliografische Information Der Deutschen Bibliothek

Die Deutsche Bibliothek verzeichnet diese Publikation in der Deutschen Nationalbibliografie; detaillierte bibliografische Daten sind im Internet über <http://dnb.ddb.de> abrufbar.

∞

Gedruckt auf alterungsbeständigem, säurefreien Papier
Printed on acid-free paper

ISBN: 3-89821-453-2

Printed in Germany

Vorwort

Eines der entscheidendsten Probleme der Psychologie besteht darin zu erfahren, wie Physisches und Psychisches zusammenhängen. Ist etwa eines nur die Folge des anderen oder sind beide nur zwei Seiten ein und desselben? Oder welche anderen Möglichkeiten müssen ins Auge gefaßt werden. Und diese Fragen stellen sich heute im Zeitalter der Hirnforschung, der Computertomographie usw. in besonderem Maße. Sie sind eng mit der Existenz der Psychologie als Wissenschaft verbunden. Lohnt es sich überhaupt noch, psychologische Forschung zu betreiben oder ist es sinnvoller, alle Energie in die Hirnforschung und Nervenphysiologie zu stecken, von der so viele sich objektive, harte naturwissenschaftliche Fakten statt immer wieder verschwimmender und relativer Konzepte und Konstrukte psychologischer Aussagen erhoffen?

Betrachtet man sich andererseits die Ergebnisse der Hirnforschung, so sind diese gar nicht so unbedingt überzeugend und absolut, wie viele sich erhofft haben. Steckt in den obigen Überlegungen vielleicht doch ein Fehler, ist die Hirnforschung evtl. nicht das richtige Instrument, um psychische Vorgänge, Strukturen und Fakten zu beschreiben. Nun, das alles hängt mit dem seit Jahrhunderten diskutierten Leib-Seele-Problem, das wir besser als Psychophysisches Problem bezeichnen wollen, schon um uns von metaphysischen oder gar religiösen Fehldeutungen zu bewahren.

Inhaltsverzeichnis

Zur Einführung

Was das Lexikon sagt[1]

*„**Leib-Seele-Problem umfaßt** die Frage nach der Wechselwirkung zwischen leiblichen und seelischen Vorgängen.- Während der **radikale Materialismus** die Existenz seelischer Prozesse leugnet, gehen alle übrigen Theorien von ihrer Realität aus. Eine Kausaltheorie (**Interaktionismus**) vertritt R. Descartes: Mittels mechanischen Stoßes wirke die nicht ausgedehnte Seelensubstanz auf den ausgedehnten Körper; die (offensichtliche) Wechselwirkung konnte Descartes jedoch nicht zureichend erklären. Einen Interaktionismus nehmen auch K.-R. Popper und J.-C. Eccles an: Über nicht mechanische, noch unbekannte Kräfte wirke das »Ich« auf die neuronale Struktur des Gehirns. Der **psychophysische Parallelismus** geht - wie Descartes - von der Wesensverschiedenheit von Körper und Seele aus, postuliert aber einen Parallelismus ihrer Prozesse ohne gegenseitiges Aufeinanderwirken. Gemäß dem Okkasionalismus (N. Malebranche, A.Geulinex u.a.) ermöglicht Gottes permanentes Eingreifen, nach G.W. Leibniz dagegen Gottes einmaliger Schöpfungsakt diesen Gleichklang von körperlichen und seelischen Abläufen. Der **Epiphänomenalismus** gesteht eine einseitige Kausalwirkung des Körpers auf das Bewusstsein zu. Die **Identitätstheorien** beruhen auf den Thesen, dass entweder Psyche und Physis ein und dasselbe sind (H. Feigl, C. F. von Weizsäcker), ihre Verschiedenheit nur unterschiedlichen Erkenntnisgesichtspunkten entspringe, oder verschiedene Seiten eines und desselben Dinges darstellen (Spinoza)."*

Zu beachten ist dabei auch die Komplementarität - in Anlehnung an Niels Bohr[2]: *als das Aufeinanderbezogensein von äußerem Verhalten oder körperlichen Vorgängen und der subjektiven Erlebniswelt. Die Annahme einer solchen Komplementarität ist besonders fruchtbar in der Psychosomatik und Psychophysiologie. Unter **Komplementaritätsdiagnostik** und **Komplementaritätstherapie** sind psychologische und körperliche Diagnostik oder Psycho- und Somatotherapie unter dem Gesichtspunkt der wechselseitigen Ergänzung zu verstehen.*

---

[1] 2002 Bibliographisches Institut & F. A. Brockhaus AG

[2] 2002 Bibliographisches Institut & F. A. Brockhaus AG

An anderer Stelle lesen wir daselbst[3]:

„Die ***Psychokybernetik*** *entwickelte daraus die Theorie zu einer (neben Monismus und Dualismus) dritten Form der Beziehung zwischen physischen und psychischen Ereignissen: die Triplexität, deren Bezeichnung sich auf Aristoteles zurückführen lässt: »Demnach ergibt sich für die Psyche notwendig, dass sie Substanz ist im Sinne der Form eines natürlichen Körpers, der potenziell Leben besitzt. Substanz als Form aber ist Entelechie (als geistiges Prinzip), und die Psyche ist also Entelechie eines Körpers von der bezeichneten Art«. Nicht das Nervengeschehen ist die »letzte Ursache« (Monismus), ebenso wenig findet ein »Darüberhinwegstreichen« des Geistes über die Hirnstrukturen (Dualismus) statt, sondern es existiert eine rückgekoppelte Beziehung zwischen physischen und psychischen Strukturen im Gehirn. Aristoteles formulierte es so: »Sich selbst vernimmt die Vernunft bei der Erfassung des Vernehmbaren, ... und das Vernehmen ist ein Vernehmen des Vernehmens.« Diese Triplexität soll an die Stelle von Monismus und Dualismus treten. Die drei Instanzen der Triplexität waren bei Aristoteles Substanz, Form und Entelechie. In der Psychokybernetik stehen dafür Träger, Muster und Bedeutung."* und weiter:

Die neuronale Basis der Psychokybernetik[4]

Eine neuronale Rückkopplung im Nervensystem wiesen Giuseppe Moruzzi und Horace Winchell Magoun erstmalig 1949 nach. Anatomische Grundlage ist die im Stammhirn des Gehirns liegende Formatio reticularis, ein netzartiges Geflecht von Nervenzellen. Sie erhält von den verschiedenen Sinnesorganen und Hirnzentren Nervensignale und beeinflusst ihrerseits das Erregungsniveau vieler Zellen und Zentren des Zentralnervensystems. Ein wichtiger Teil der Formatio reticularis ist das aufsteigende retikuläre Aktivierungssystem (ARAS), dessen Nervenfasern mit dem Thalamus und dem Zwischenhirn verbunden sind. Es enthält zwei sich ergänzende Nervenbahnungen: spezifische, die von den Sinnesorganen kommen, und unspezifische.

Die spezifischen Bahnen sind einfach aufgebaut und führen lediglich über wenige Synapsen zur Großhirnrinde, sind dafür aber ständig tätig. Die unspezifischen Bahnen verlaufen über Tausende von Synapsen, sind aber nur im bewussten

---

[3] 2002 Bibliographisches Institut & F. A. Brockhaus AG

[4] 2002 Bibliographisches Institut & F. A. Brockhaus AG

Zustand aktiv. Beide können über das retikuläre System zusammengeschlossen werden. Dadurch lässt sich auch erklären, warum man durch ein Geräusch aus dem Schlaf gerissen werden kann, das man nicht bewusst gehört hat: Das Geräusch wurde registriert, weil die spezifischen Nervenbahnen auch im Schlaf tätig blieben. Ihre Alarmierung aktivierte über die von der Großhirnrinde absteigende Nervenstränge die unspezifischen Nervenbahnen. Dieser mögliche Zusammenschluss im retikulären Aktivierungssystem ist nicht die einzige Form der Rückkopplung. Bereits auf der Ebene einzelner Nervenzellen gibt es Rückkopplungen bei den Ionenströmen, die zur Weiterleitung der Aktionspotenziale führen.

Die Signalverarbeitung in den Nervenzellen arbeitet mit zwei Verfahren. Der Körper einer Nervenzelle (Neuron) produziert elektrische Potenziale, die durch das Axon (Nervenfaser) bis zu den Endverzweigungen wandern, um dort an einem Spalt zu enden. Der elektrische Impuls kann nicht direkt zur nächsten Nervenzelle weitergeleitet werden. Wie aber kommt die Nachricht zur Nachbarzelle? Die Endverzweigung der einen Nervenzelle bildet mit der anderen eine Synapse aus. An der Membran der Synapse wird das elektrische Signal in ein chemisches Signal umgewandelt und auf die gegenüberliegende Nervenzelle übertragen, wo es wiederum in ein elektrisches Signal zurückverwandelt wird. Potenzialveränderungen lassen sich durch ein EEG in großen Potenzialbereichen abgreifen. Synaptische Übersprünge, die mittels PET sichtbar gemacht werden können, geben die Arbeitszustände von großen Zellgemeinschaften wieder. Vorläufig ist es allerdings nicht möglich, diese beiden neuronalen Nachrichtenverfahren durchgängig von der Zellebene bis zum Gesamtgehirn zu beobachten."

Systemtheorie

Auf jeden Fall ist sich die Forschung heute einig, daß der Mensch ein kybernetisches Informationsverarbeitungssystem (IVS) ist, womit nichts darüber ausgesagt ist, ob dieses eine Einheit oder etwas Zusammengesetztes ist. Nach dem Brockhaus gilt[5]: *„Die Kybernetik ist die formale, fachübergreifende Wissenschaft, die sich mit der mathematischen Beschreibung und modellartigen Erklärung*

[5] 2002 Bibliographisches Institut & F. A. Brockhaus AG

dynamischer (komplexer) Systeme befasst, die gewisse allgemeine Eigenschaften und Verhaltensweisen realer Systeme aus den verschiedensten Bereichen der Wirklichkeit widerspiegeln. Die in realen Systemen ablaufenden Prozesse werden vorzugsweise unter dem Gesichtspunkt der Aufnahme, Übertragung sowie Rückkopplung von Informationen[6] *betrachtet, während von den gleichzeitig beteiligten Vorgängen materieller Art weitgehend abgesehen wird. Auf diese Weise wird aus gleichartigen oder ähnlichen Erscheinungen in ganz unterschiedlichen Bereichen ein abstraktes* ***kybernetisches System*** *gewonnen. Die anhand eines solchen Modells gewonnenen Erkenntnisse können in sehr allgemeiner Weise zur Beschreibung und Untersuchung des Verhaltens*[7] *technischer oder natürlicher Systeme verwendet werden.*

Die ***allgemeine Kybernetik*** *untersucht die grundlegenden Strukturen und Funktionen von Regelsystemen; Hauptdisziplinen sind Systemtheorie, Steuerungstheorie und Regelungstheorie, Informationstheorie und Automatentheorie sowie Zuverlässigkeitstheorie, Algorithmenheorie, Spieltheorie und künstliche Intelligenz. Zu ihren Hauptmethoden zählen Analogie- und Modellverfahren (z.B. die Blackboxmethode). Die allgemeine Kybernetik stellt mit der* ***speziellen Kybernetik,*** *zu der die Theorie und Konstruktion von Automaten, von lernenden (sich selbst organisierenden) oder sich selbst reproduzierenden Maschinen (lernende Automaten), von Informationssystemen, Modellen und Ähnlichem gehören, ein Lehrgebäude dar, das auch als »reine« Kybernetik bezeichnet wird. Die* ***angewandte Kybernetik*** *umfasst diejenigen wissenschaftlichen Teildisziplinen beziehungsweise Bereiche, die sich v.a. in Technik, Ökonomie, Biologie (Bionik), Ökologie, Medizin, Soziologie, Pädagogik, Psychologie und Linguistik zur Erklärung empirischer Sachverhalte kybernetischer Begriffe und Theorien bedienen. Eine inhaltlich prägnantere Beschreibung der Kybernetik und ihrer Ziele ist anhand des von ihr entwickelten Begriffssystems möglich; zentrale Begriffe sind v.a. System, Information, Steuerung und Regelung. Der Name Kybernetik stammt von N.Wiener (»Cybernetics«, 1948), der neben C.E. Shannon, A.N. Kolmogorow, J.von Neumann u.a. grundlegende Arbeiten zur Kybernetik lieferte.*

---

[6] s. weiter unten

[7] Man achte darauf, daß hier vom Verhalten des Systems und nicht vom System die Rede ist.

System ist ein fundamentaler Begriff, der die Zusammenfassung mehrerer, im Allgemeinen untereinander in Wechselwirkung stehender Komponenten zu einer als Ganzes aufzufassenden Einheit bezeichnet, z.B. ***kybernetische Systeme*** *(Kybernetik),* ***technische Systeme*** *(wie Maschinen, technische Anlagen, Netzwerke oder Schaltungen),* ***physikalische Systeme,*** *sofern physikalische Objekte betrachtet werden (atomares System, Planetensystem, Vielteilchensystem, thermodynamisches System u.a.), oder in der Informatik die Zusammenfassung von Hard- und Software zu einem Rechnersystem. Die Systemkomponenten*[8] *können von gleicher (homogenes System) oder unterschiedlicher Art (heterogenes System) sein. Je nachdem, ob das System mit der Umgebung in Wechselwirkung (Energie- und Materieaustausch*[9]*) steht oder nicht, unterscheidet man* ***offene*** *und* ***[ab]geschlossene Systeme."***

Und damit taucht die Frage auf, was zu einem System gehört und was Systeme sind. Das sind sicher irgendwelche Gegenstände oder Inhalte, die miteinander verknüpft sind. Damit daraus ein System wird, müssen die derart verknüpften Inhalte als Ganzes Wirkungen auslösen. Diese Wirkungen können die Folge der Einflüsse anderer Phänomene auf das System sein, sie können aber auch das Ergebnis der Eigendynamik des Systems sein. Das setzt dann voraus, daß das System eine Richtungskomponente entwickelt, die man als Zielgebung bezeichnen kann. Bei alledem ist davon auszugehen, daß sowohl Inhalte als auch Verknüpfungen, Wirkungen und Zielgebung mehr oder minder stark sein können. So mag es dann Systeme ohne Wirkungen - nach außen - geben, auch solche, die keine Einflüsse von außen aufnehmen. Man spricht dann von geschlossenen Systemen. Es mag Systeme geben, in denen die Gegenstände kaum miteinander verknüpft sind, auch solche, in denen die Zielrichtung verschwindet oder nahezu verschwindet. Wir wollen daher definieren:

Ein System ist eine mehr oder minder große Menge von mehr oder minder miteinander verknüpften Elementen bestimmter Beschaffenheit, die eine mehr oder minder ausgeprägte Richtung aufweist und mehr oder minder dementsprechende Wirkungen ausübt.[10]

[8]gemeint sind die Systemelemente im Sinne von Flechtner, Klaus und Anschütz

[9] das gilt auch für den Informationsaustausch

[10] vgl. G. Klaus: Wörterbuch der Kybernetik, Frankfurt 1969

Aus Gründen der Einheitlichkeit des Begriffssystems - auch im Hinblick auf die bestehende Literatur - bezeichnen wir die Beschaffenheit als **Sigmatik**, die Verknüpfungen als **Syntaktik**, die Richtungen als **Semantik** und die Wirkungen als **Pragmatik** des Systems. Wohlgemerkt, Sigmatik, Syntaktik, Semantik und Pragmatik sind keineswegs Unter- oder Teilsysteme. Sie sind nur die Aspekte eines Systems, gewissermaßen die verschiedenen Perspektiven, unter denen wir gewöhnlich ein System betrachten. Und das hängt wiederum mit der Eigenart unserer eigenen Wahrnehmung zusammen.

Hier mag der Einwand kommen, daß wir mit dieser Zerlegung in Aspekte dem klassischen linearen Denken Vorschub leisten, es durch die Hintertür wieder einführen. Wir sind zu einer solchen Zerlegung aber aufgrund der Bauart unserer Wahrnehmung gezwungen, doch zugleich gibt die Erkenntnis, daß es sich bei den Aspekten nicht um Teilsysteme handelt, klar zu erkennen, daß man sich auch nicht auf einen oder zwei Aspekte beschränken darf, denn dann gelangt man wiederum zum linearen Denken und zur linearen Erkenntnis. Man kann sich also nicht darauf beschränken, z.B. nur die Beziehungen, die Relationen oder Verknüpfungen der Phänomene zu betrachten.

Im nichtlinearen Denken muß es vielmehr darauf ankommen, ein System in all seinen Aspekten zugleich zu erfassen, zu beschreiben und darzustellen, und diese Teil-Ergebnisse der Aspektanalysen miteinander zu einer Systembestimmung zu verbinden. Ob das in anschaulicher Weise in den Wissenschaften möglich ist, erscheint im Hinblick auf die Bauart der menschlichen Natur allerdings keineswegs als sicher. Sollte sich erweisen, daß dieses tatsächlich im allgemeinen nicht möglich ist, erklärt sich damit auch, warum Vester und andere Autoren keine genaueren Angaben zum vernetzten Denken machen konnten, solange sie sich in der allgemeinen Sprache ausdrückten.

In der Kybernetik und Informationstheorie gilt vielfach *„Informationsverarbeitende Systeme gelten für die Kybernetik als gleichartig, wenn ihre Funktion gleich ist"*[11] . Das bedeutet, daß für diese Betrachtungsweise die Sigmatik und teilweise auch die Semantik eines Systems unwesentlich sind, daß

---

[11] H. Anschütz: Kybernetik 4. Aufl. S. 14

es hier vielfach lediglich auf die Syntaktik und die Pragmatik ankommt. Nun ist aber ein technisches System, z.B. eine EDV-Anlage, das die gleiche Funktion wie ein Zentralnervensystem, bzw. ein Teil davon, ausübt, keineswegs mit diesem identisch. Es ist nicht dasselbe, wenn es vielleicht auch gleiche oder gleichartige Funktionen ausübt. Es ist lediglich ein Funktionsmodell des nervösen Systems, keine Beschreibung des nervösen Systems. Wir wollen daher für unser Vorgehen festhalten:

Systeme gelten dann als gleichartig, wenn sie sigmatisch, semantisch, syntaktisch und pragmatisch gleich vollständig sind und dazu ihre Funktionen und ihre Strukturen gleich sind.

Das bedeutet einerseits, daß Physis und Psyche zwei verschiedene, wenn auch zusammengeschaltete Systeme sind, andererseits, daß wir uns im Zuge einer neuen Denkweise nicht auf die üblichen Analogien berufen können, mit denen wir wieder bei Klages landen würden. Das heißt zugleich, daß wir uns auch nicht, wie es in der Kybernetik häufig geschieht, auf die formalen und syntaktischen Aspekte beschränken können. Mathematische Methoden und Strukturen, die rein syntaktischer Natur sind, mögen ein wichtiges Hilfsmittel dabei sein, sind aber keineswegs ausreichend. Sie können vor allen Dingen semantische Aspekte nicht erfassen. Es klingt daher plausibel, wenn Lem[12] Zweifel hegt, ob die allgemeine Mathematisierung, die in den Wissenschaften stattgefunden hat, glücklich war. So sind dann weder die Mathematik allein noch die bekannte Sprache geeignete Mittel der Systembestimmung und -beschreibung. Wir benötigen eigentlich eine neue, eine Metasprache, um aus dem linearen Denken herauszufinden. Ob und wie eine solche Metasprache aussieht und aussehen kann, können wir sicher erst dann angeben, wenn wir eine allgemeine Konstruktbasis gefunden haben.

Besondere Probleme bereiten Systeme, die wir nicht erkennen, nicht wahrnehmen können, von denen wir immer nur das erfassen, was unser eigenes System zu erkennen vermag, und das nicht nur von der Anschauung, sondern auch vom Erschließen und Beschreiben her. Hier ist es wesentlich, sich mit unserem Erkenntnissystem und seinen Kategorien zu beschäftigen.

---

[12] S. Lem: Summa technologiae, Frankfurt 1981

Das hat in besonders umfassender Weise Kant in seinen Werken versucht. Er ist dabei auf 12 Kategorien gestoßen:

1. - Quantität (Einheit, Vielheit, Allheit)
2. - Qualität (Bejahung, Verneinung, Einschränkung)
3. - Relation (Substanz, Kausalität, Gemeinschaft/ Wechselwirkung)
4. - Modalität (Möglichkeit, Dasein, Notwendigkeit)

Mitscherlich, der mehr vom psychologischen, weniger vom philosophischen Standpunkte her an dieses Problem heranging[13], hat dargelegt, daß wir drei Bildungsebenen durchlaufen, die der Sachbildung, der Affektbildung und der Sozialbildung, wobei er sie sowohl innersubjektiv als auch außersubjektiv im Umgang mit der Welt sieht. Da Bildungsmöglichkeiten das Grundgerüst unserer Erkenntnis darstellen, würde sich daraus folgendes System ergeben:

	Subjekt	Objekt
affektiv	1	2
sozial	3	4
sachlich	5	6

Da zudem jeder Bildungsprozeß aus zwei Schritten besteht, aus der Aneignung und der Verarbeitung - oder wie Mitscherlich es nennt, aus der Assimilation und der Integration -, ergibt sich das folgende 12er-System:

	Subjekt		Objekt	
	assimilierend	integrierend	assimilierend	integrierend
affektiv	P	R	U	Ü
sozial	K	B	G	S
sachlich	E	O	F	T

womit wir wiederum bei 12 Kategorien wären. Überlegt man sich zudem, daß in der affektiven Ebene das Individuum, also die Einheit, in der sozialen der Plural gleicher Objekte, nämlich der Personen, der Menschen, in der sachlichen Ebene der Plural der Inhalte, Dinge wie Menschen steht, entsprechen diese Ebenen der kantschen Unterscheidung in Einheit, Vielheit und Allheit.

[13] A. Mitscherlich: Auf dem Wege zur vaterlosen Gesellschaft, Serie Piper 45

Treffende sprachliche Termini für diese Kategorien stehen uns nicht zur Verfügung, weshalb wir einen Buchstabencode verwenden.

Gehen wir einen Schritt weiter, indem wir das Mittel unseres Denkens, die Sprache analysieren, so stoßen wir auf Subjekte, Objekte, Prädikate in aktiver oder passiver Form sowie auf die Tatsache, daß Subjekte wie Objekte im Singular wie im Plural stehen können, dieser Plural sich aufsplitten läßt, je nachdem ob es sich um gleiche oder verschiedene Inhalte handelt, die die Mehrzahl bilden. Auch hier wieder das gleiche Schema. Ein ähnliches Schema bildet das System der Tierkreiszeichen als wohl das älteste überlieferte System der Beschreibung menschlicher Persönlichkeit[14]. Hier findet man vor aller modern-wissenschaftlichen Erfahrung ein Erkenntnissystem.

Überhaupt stoßen wir immer wieder bei frühzeitlichen Einteilungen auf Zwölferschritte, etwa bei klassischen Mengeneinheiten, wie Dutzend, Gros, aber auch bei der Zahl der Jünger Jesu, wie auch bei den Masken der attischen Tragödie oder bei der Einteilung des Jahres in 12 Monate. Und das hat sicher vor aller Mathematisierung mit angelegten Strukturen des menschlichen Denkens oder frühen Menschheitserfahrungen, wie Hofstätter es nennt[15], zu tun. Und mit ihnen müssen wir uns beschäftigen, wenn wir solche Systeme in einer uns verständlichen Weise beschreiben wollen.

Versuchen wir, diese Erkenntniskategorien oder Dimensionen in unsere Sprache zu übersetzen, so fehlt es uns an umfassenden und verallgemeinernden Termini. Wir können sie höchstens umschreiben, damit aber uns ihnen nur annähern. Es bleibt also im Grunde nichts anderes übrig, als die oben gewählten Kennzeichnungen als Symbole einer „Metasprache" anzusetzen und zu versuchen, eine entsprechende in etwa interpretierende sprachliche Bezeichnung hinzuzufügen:

[14] P.R. Hofstätter: Psychologie, Ausgabe 1975, Frankfurt, Stichwort: Persönlichkeit; unabhängig von der Ankoppelung an astronomische Erscheinungen.

[15] P. R. Hofstätter: Psychologie, Ausgabe 1975, Frankfurt, Stichwort: Persönlichkeit

	Subjekt		Objekt	
	assimilierend	*integrierend*	*assimilierend*	*integrierend*
	erfassend	*verarbeitend*	*erwerbend*	*bewahrend*
Einheit	Natur, primitiv	Idee, rational	Umwelt	Gebote, Überich
Code:	***P***	***R***	***U***	***Ü***
Vielheit	Gesellschaft, Kultur	„Seele", Beziehung	Herrschaft, Gewalt	Sorge, Pflege
Code:	***K***	***B***	***G***	***S***
Allheit	Qualitäten, Eindruck	Ordnungen	Ferne/Zukunft	Nähe/Tradition
Code:	***E***	***O***	***F***	***T***

So ließen sich die Kategorien oder **Elemente** stichwortartig und systematisch zusammenstellen, die uns von seiten unserer Denkkategorien zur Beschreibung und Bestimmung derartiger Systeme zur Verfügung stehen. Zu klären bleibt allerdings die Frage, wie wir dieses Kategorienschema verwenden können. Da wir aufgrund der Eigenart unserer Wahrnehmung diese Systemdimensionen in vielen Bereichen rational nicht als Ganzes erfassen können, Rationalität aber ein wesentliches Kriterium wissenschaftlicher Arbeit und Denkweisen ist, müssen wir uns erstens darüber klar werden, wie diese Dimensionen in den vier Aspekten eines kybernetischen Systems unserer Wahrnehmung erscheinen. Zum Zweiten ist zu prüfen, wie die Aspektdimensionen zu den Systemdimensionen zu verknüpfen sind, um von linearen Erkenntnissen zur Erfassung und Beschreibung von Systemen zu gelangen.

Ja, selbst die Aspektdimensionen können wir sprachlich nicht allgemein beschreiben, sondern gewissermaßen immer nur bezüglich der jeweils zu beschreibenden Systeme, auch hier allerdings nur näherungsweise, es sei denn wie die Systemdimensionen durch einen metasprachlichen Code. Soweit es die syntaktischen Größen angeht, die ja mehr formaler Natur sind, gibt es noch am ehesten eine solche Umschreibung, und zwar in mathematischer Form [16]:

	Subjekt		Objekt	
	assimilierend	*integrierend*	*assimilierend*	*Integrierend*
Einheit	linearisieren	trennen	elementarisieren	auswählen
	tP : A	**tR:** AvB	**tU:** $\in A$	**tÜ:** $A \neg B$
Vielheit	planarisieren	adaptieren	ausschneiden	annehmen
	tK: A^2	**tB:** $A \wedge B$	**tG:** $A \cap B$	**tS:** Λ_x
Allheit	kubisieren	verknüpfen	verbinden	fixieren
	tE: A^3	**tO:** f(x)->A	**tF:** $\cup B$	**tT:** V_x

Führen wir dieses für die übrigen Aspekte fort, so erhalten wir für den Verlauf, die Wirkungen, also die pragmatischen dynamischen Verlaufskomponenten:

	Subjekt		Objekt	
	assimilierend	*integrierend*	*assimilierend*	*integrierend*
Einheit	**dP**: unmittelbar	**dR**: geregelt	**dU**: direkt	**dÜ**: reserviert
Vielheit	**dK**: agil	**dB**: gebunden	**dG**: elastisch	**dS**: plastisch
Allheit	**dE**: locker	**dO**: gedämpft	**dF**: expansiv	**dT**: beharrend

und für die Richtungskomponenten und die Finalität:

	Subjekt		Objekt	
	assimilierend	*integrierend*	*assimilierend*	*integrierend*
Einheit	**mP**: Sinnlichkeit	**mR**: Weisheit	**mU**: Weltlichkeit	**mÜ**: Ethik
Vielheit	**mK**: Kultur	**mB**: Humanitas	**mG**: Führung	**mS**: Fürsorge
Allheit	**mE**: Güte, Ästhetik	**mO**: Systematik	**mF**: Erwerb	**mT**: Bewahrung

in gleicher Weise ergeben sich die sigmatischen Komponenten, als die Beschaffenheitsqualitäten::

[16] Der Vorbuchstabe "t" verweist darauf, daß es sich hier um den syntaktischen (Verknüpfungs-) Aspekt des jeweiligen Elements handelt, m steht für den semantischen, d für den pragmatischen und c für den sigmatischen Aspekt

	Subjekt		Objekt	
	assimilierend	*integrierend*	*assimilierend*	*Integrierend*
Einheit	cA: konkret, alltäglich	cB: abstrakt, ideell	cC: weltlich	cD: ideologisch
Vielheit	cE: kulturell	cF: persönlich	cG: herrschend	cH: anpassend
Allheit	cI: qualitativ	cJ: ordnend	cK: fortschrittlich	cL: sichernd

Nun haben wir zwar erste Hinweise auf die verschiedenen Aspektdimensionen, aber es fehlt uns einerseits noch die Möglichkeit, graduelle Unterschiede in ihnen zu beschreiben, denn jede dieser Qualitäten findet sich in den Erscheinungen jeweils mehr oder minder intensiv. Ohne uns dabei in systemspezifische Fragen zu verlieren, setzen wir dazu eine Skalierung von 1 bis 9 an[17].

Allerdings können wir andererseits durchaus nicht davon ausgehen, daß wir es stets mit einfachen, reellen Größen wie im Alltag zu tun haben und wie es uns bei den syntaktischen Komponenten nach obigen formalen Beschreibungen selbstverständlich erscheint.

Werfen wir dazu einen Blick auf den semantischen psychischen Aspekt von G, also der Ausrichtung „Führung". Dann finden wir im sprachlichen Umfeld etwa:

- leiten, führen, lenken, streiten, bekämpfen, zerstören, aggressiv, unterdrücken, verletzen, überwältigen beherrschen, diktieren usw..

Wir haben es also allem Anschein nach nicht nur mit quantitativen Unterschieden, sondern evtl. auch mit unterschiedlichen Formen oder **Zuständen** zu tun. Das kann verschiedene Ursachen haben. Entweder geht das auf Verknüpfungen der Aspektdimensionen zurück oder es bestehen unterschiedliche Zustände in den Aspektkomponenten. Aufgrund unserer Kenntnisse aus der klinischen Psychologie wie auch der Ausführungen von Klages zur Doppeldeutigkeit scheint letzteres der Fall zu sein. Das würde heißen, daß im sigmatischen, semantischen und pragmatischen Aspekt verschiedene Formen vorkommen können. In Anlehnung an Erkenntnisse der Verhaltenswissenschaften in Theorie und Praxis wollen wir sie wie folgt kennzeichnen:

[17] Natürlich kann man auch jede andere Skalierung wählen, was dann aber wahrscheinlich kompliziertere Umrechnungen verlangt.

α-Zustand	ausgebildet, fertig, real, reif, realitätsangepaßt, situationsgerecht
β-Zustand	vorbereitend, unausgewachsen, unfertig, hintergründig, physiognomisch
δ-Zustand	gehemmt, gestaut, rotierend, verdrängt,
γ-Zustand	ursprünglich, ungeformt, turbulent, atavistisch, wahnhaft, verschroben

Allerdings müssen wir aufgrund unserer Erfahrungen und unserer Beobachtungen davon ausgehen, daß diese 4 Zustände wenigstens für unsere Wahrnehmung nicht isoliert zur Wirkung kommen, sondern in einer Art Resultante aktualisiert werden, denn sonst käme kaum eine ausgeprägte Perspektive zustande. Die Frage ist dabei, wie solche Resultantenbildungen vollzogen werden könnten. Vom System der Denkkategorien als Basis her müßte sie in allen damit zu erfassenden Formen gleich sein. Eine Lösung dazu wäre, einen Ansatz in Determinantenform heranzuziehen mit Übergang zum System der komplexen Zahlen, und zwar:

$$\begin{vmatrix} f_1(\alpha_y) & if_2(\beta_y) \\ f_3(\gamma_y) & f_4(\delta_y) \end{vmatrix}$$

Daraus folgt dann:

$$y_{\#}=(y'+iy'')= f_1(\alpha_y)*f_4(\delta_y) - i*f_2(\beta_y)*f_3(\gamma_y)$$

Das kann explizit z.B. evtl. wie folgt aussehen

$$y=y'+iy'' = \alpha_y*(a+\cos 10\delta_y) + i*\beta_y*(b+\sin 10\gamma_y),$$

wenn man bedenkt, daß $S= A(t)\, e^{i\omega t}$ und $e^{i\omega t}= \cos\omega t + i\sin\omega t$ ist und im Rahmen nervöser Steuerungsprozesse mit Schwingungsvorgängen S zu rechnen ist[18].

Die Werte von a und b wären dann im Zuge entsprechender Simulationen und Experimente zu bestimmen. Sicher werden sie aber von der Skalierungswahl abhängen.

Damit ist aber immer noch nicht die Frage geklärt, wie die Aspektdimensionen (Komponenten) zu den von uns vielfach nicht als Ganzes zu erfassenden Systemdimensionen oder Elementen des Systems zu verknüpfen sind. Wir haben aufgrund unserer Wahrnehmungsweise ja zunächst nur die

[18] vgl. Das Psychophysische Problem weiter unten

Perspektiven betrachtet, müssen also jetzt die Frage beantworten, wie sich solche Perspektiven zusammenfügen.

Soweit es den sigmatischen und den syntaktischen Aspekt angeht, also die Inhaltsquantität sowie die Verknüpfungsquantität, steigern sie das Potential eines Elements. Man müßte also die Quantitäten der jeweiligen Aspektdimensionen miteinander multiplizieren, denn addieren kann man Quantitäten unterschiedlicher Dimensionen nicht. Die Resultanten der Richtungs- und Verlaufskomponenten bilden zusammen die dynamische Seite eines Systems. Sie wären folglich vektorähnlich (etwa als komplexe Zahlen) zu addieren. Fügt man das zusammen, so erhält man:

Element x = $\mathbf{f(|X_c|*X_t*(X_d+X_m))}$

Will man dabei in der gewählten Skala von 1 bis 9 bleiben, potenziert man den Term $|X_c|*X_t*(X_d+X_m)$ mit 0,3. Ob und inwieweit dieses für die verschiedensten Systeme gilt, also eine Folge unseres Erkenntnissystems oder des Systemcharakters ist, wäre noch zu untersuchen[19]. Jedenfalls gilt das alles auch nur, wenn jeder Komponentenzustand in der Skala von 1 bis 9 vorliegt und man eine vollständige Systemelementenbeschreibung erhalten will. Das heißt dann aber auch, daß die Elementendimensionen zusammengesetzter Art sind, was bei ihrer Komplexität kaum in Erstaunen versetzen würde. Allerdings erscheint das wiederum mehr eine Folge unseres Aufnahmesystems zu sein, weniger in der Natur des Gegenstands zu liegen, der je keine Wahrnehmungsperspektiven zu besitzen braucht, die erst von unserer Auffassungsweise geschaffen werden. Nur können wir Dimensionen, die unserem Erkenntnissystem nicht adäquat sind, nicht beschreiben.

Hinzu kommen dann naturgemäß vielerlei Verknüpfungen der Elemente und Komponenten untereinander. Wichtig ist aber, daß man niemals ohne Analyse der Komponenten und ihrer Zustände das Gesamtergebnis, das allgemeine Erscheinungsbild interpretieren sollte. Dieser Fehler wird nur zu leicht von Ideologen aller Schattierungen gemacht, mögen sie kirchlicher, parteipolitischer oder ökologischer Natur sein. Sie arbeiten zwar zunächst mit einem richtigen, vielfach nicht ganz klaren Gesamtergebnis. Wenn

[19] vgl. auch Waszkewitz: Steuerungs- und Verhaltenssysteme, Stuttgart 1999

sie dieses abwandeln und verändern wollen, müssen sie dann damit rechnen, daß grundlegende Dimensionen sich ändern, daß Effekte entstehen, die zu noch größeren Katastrophen führen, die sie keineswegs gewollt haben, die aber aufgrund ihrer Leichtfertigkeit und Oberflächlichkeit entstehen mußten. Das heißt aber zugleich, daß man dabei auch nicht evtl. besondere Eigenarten der Elemente außer Acht lassen darf, die infolge der Verknüpfungen gewissermaßen abtauchen können. Das lehren dann insbesondere die Erkenntnisse der Chaosforschung.

Wesentlich für die Beschreibung erscheint nach obigen Überlegungen das System der komplexen Zahlen[20]. Obwohl dieses leider an den Schulen nur selten gelehrt wird, sind sie aber in einem den meisten Lesern sicher vertrauten kartesischen oder rechtwinkligen Koordinatensystem anschaulich darstellbar. Die den Menschen unseres Kulturkreises vertrauten reellen Zahlen werden auf einer Geraden dargestellt, die von +unendlich bis - unendlich ($+\infty$ bis $-\infty$) reicht. Innerhalb dieses reellen Zahlensystem läßt sich die Gleichung $x^2 = 1$ bekanntlich lösen. Die Lösung ist: $x_1 = +1$; $x_2 = -1$.

Die Gleichung $x^2 = -1$ hat in diesem System aber keine Lösung, denn es gibt keine Zahl, die beim Quadrieren einen negativen Wert liefert. Setzen wir aber, wie Gauß getan hat, $\mathbf{i^2 = -1}$, dann erhält man $x^2 = i^2$, also als Lösungen $x_1 = +i$; $x_2 = -i$.

Auf diese Weise erhält man ein ganz neues Zahlensystem von -i unendlich ($-\infty i$) bis +i unendlich ($+\infty i$). Man nennt sie die imaginären Zahlen. Verbindet man nun die reellen Zahlen mit den imaginären über ein rechtwinkliges Koordinatensystem, erhält man die komplexen Zahlen, z.B. $z= 4+3i$.

Durch Verwendung eines kartesischen Koordinatensystems kann man dann jeder komplexen Zahl einen Punkt in der Ebene eineindeutig (umkehrbar eindeutig) zuordnen, etwa wie bei $y = 3x +4$ im reellen Zahlensystem. Die Zahl z wird hierbei durch den Zahlenstrahl vom Nullpunkt zu dem

[20] Dazu sei auf Roger Penrose verwiesen, der in COMPUTERDENKEN schreibt: „Wir werden komplexe Zahlen sppäter brauchen. Sie sind absolut fundamental für die Struktur der Quantenmechanik und somit grundlegend für die Funktionsweise der Welt, in der wir selbst leben. Außerdem bilden sie eines der Weltwunder der Mathematik", S. 77

betreffenden Punkt in der Ebene dargestellt mit den Koordinaten a für die reellen Anteile und b für die imaginären Anteile. So setzt sich dann jede komplexe Zahl aus einem Realteil (a) und einem Imaginärteil (b) zusammen z= a+bi.

Die bekannten Rechenregeln lassen sich auch in diesem Zahlensystem anwenden, wenn man die Klammerregeln beachtet. So gilt

$z_1 = a + bi \quad z_2 = c + di \quad z = z_1 + z_2 = (a + c) + (b + d)i$

$z_1 = a + bi \quad z_2 = c + di \quad z = z_1 * z_2 = (a + bi)(c + di)$

$= (ac \quad bd) + (bc + ad)i$

Natürlich kann man die Zahl z auch anders darstellen, indem man von der Länge des Zahlenstrahls r ausgeht und den Winkel zwischen dem Zahlenstrahl und der Achse der Realteile zugrundelegt. Es gilt für den Betrag der Zahl z (| z |) gekennzeichnet durch die einrahmenden senkrechten Striche,

$|z|^2 = a^2 + b^2$.

Zieht man aus $|z|^2$ die Wurzel, erhält man r. Um in einem gewählten Maßstab von 1 bis 9 (s. später) zu bleiben, rechnet man $|z| = (a^2 + b^2)^{0,43}$

Wie im Reellen lassen sich auch im Komplexen Funktionen einführen, die man dann w=f(z) schreibt. Allerdings kann man die Funktionswerte nicht einfach wie im Reellen direkt auftragen, denn die zweite Dimension unserer Zahlenfläche wird ja schon von den Imaginäranteilen der z-Werte ausgefüllt.

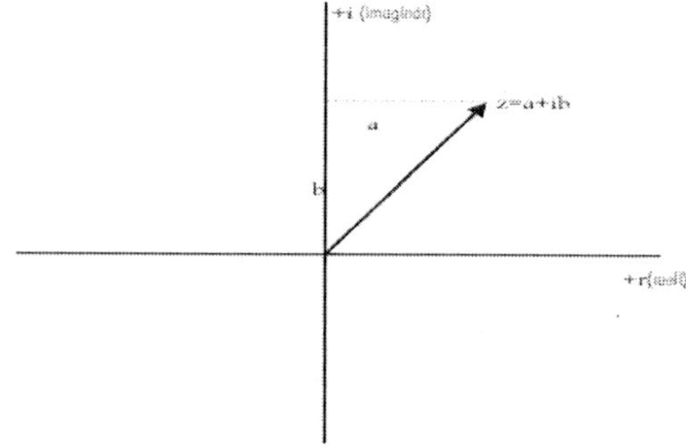

Systeme und Mehrfachsysteme

Grundkonzeption

Ein Blick auf die folgende Graphik zeigt, daß zu jedem komplexen System mindestens ein „Führungsinstrument" gehört:

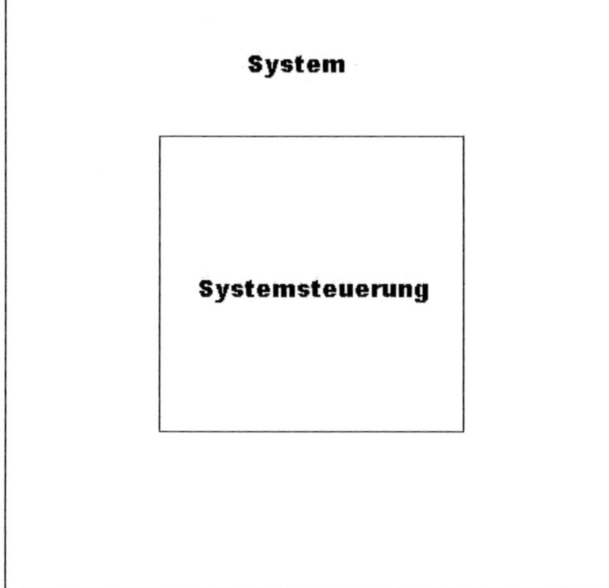

Dabei kann die Systemsteuerung zentral, aber auch dezentral angeordnet sein. Sie muß auch nicht an einer Stelle konzentriert sein, wird in vielen Fällen bei hochkomplexen Systemen mit einer Mehrzahl von rangniederen Steuerungszentren arbeiten. Nun ist auch keineswegs gesagt, daß hochkomplexe Systeme ein einheitliches Gebilde sein müssen. In ihnen können sich mehrere Teilsysteme unterschieder Wesenart oder Bedeutung befinden, etwa so wie es die folgende Skizze beschreibt:

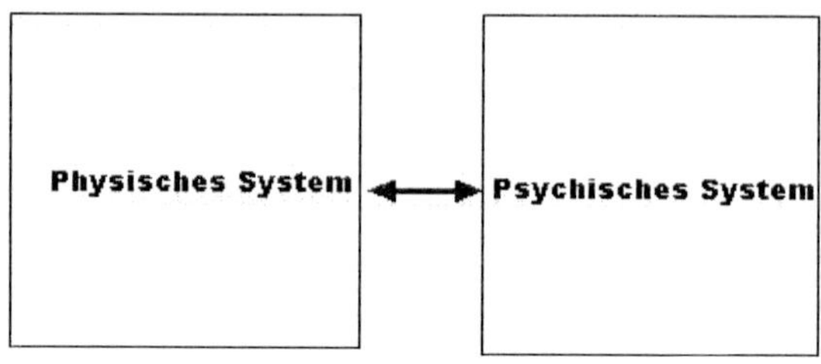

Das weist darauf hin, daß jedes der beiden Teilsysteme seine eigene Systemsteuerung hat, daß aber zwischen beiden Teilsystemen ein Austausch stattfindet, welcher Art er auch ist. Und ein typisches Beispiel hierfür ist der Mensch. Das eine Teilsystem ist das Physische, das andere ist das Psychische. Allerdings sind die Steuerungssysteme beider anscheinend stärker miteinander zu einer gemeinsamen Steuerungszentrale verknüpft, als es im allgemeinen bei derartigen Verbindungen außerhalb der Management- und Fertigungssysteme der Fall ist, etwa so:

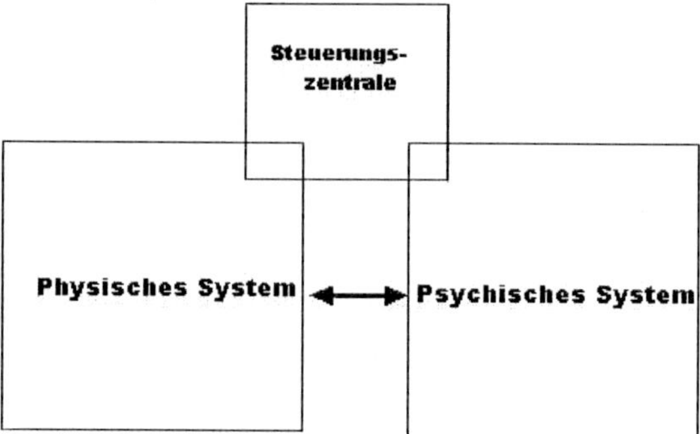

Das deutet dann darauf hin, daß Teile der jeweiligen Systemsteuerung den Teilsystemen vorbehalten bleiben, andere für beide zugleich zuständig sind. Da andererseits die beiden Systeme sich hinsichtlich ihrer Erfaßbarkeit und Beschreibbarkeit für uns wesentlich unterscheiden, etwa so wie Korpuskel und Welle, benötigen wir für beide Systeme unterschiedliche Beschreibungssysteme. Erst, wenn wir diese vorliegen haben, können wir uns Gedanken darüber machen, wie sie aufeinander wirken. Das physische System ist für uns in großen Teilen direkt wahrnehmbar, während das psychische Geschehen nur in der Selbsterfahrung teilweise wahrnehmbar ist, wissenschaftlich aber nur erschlossen werden kann, und zwar mit Hilfe eines Teils desselben, so daß das Ergebnis in Abhängigkeit der Denkkategorien gerät und eine schrittweise Annäherung erfordert.

Auf dem Wege zu den Teilsystemen

Betrachten wir uns die Informationsverarbeitung des Menschen im allgemeinen, so erhalten wir:

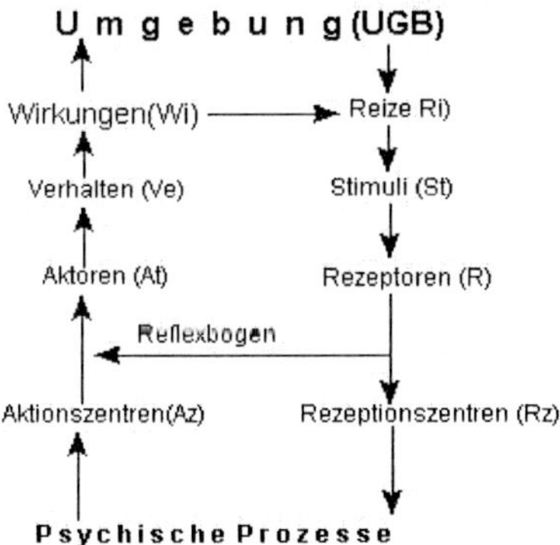

Dabei ist zu beachten, daß die Reize physiko-chemische Einwirkungen sind, von denen ein Teil von den Rezeptoren als Stimuli erfaßt und in körpereigene Erregungen überführt wird. Diese werden über die sensorischen Nervenbahnen in die Rezeptionszentren geleitet und dort zusammengeführt, ehe sie von dort in die verschiedensten Arreale ausstrahlen, dabei auch in solche, die psychisches Geschehen auslösen, das etwas anderes als körperliches Geschehen ist. In gleicher Weise strahlen die Ergebnisse in den Rezeptionszentren auch in Arreale aus, die physisches Geschehen auslösen, das nicht mit psychischem Geschehen zu verwechseln ist. Es kommt also darauf an, welche Arreale sich wovon anregen lassen. Und das sieht graphisch dann wie folgt aus:

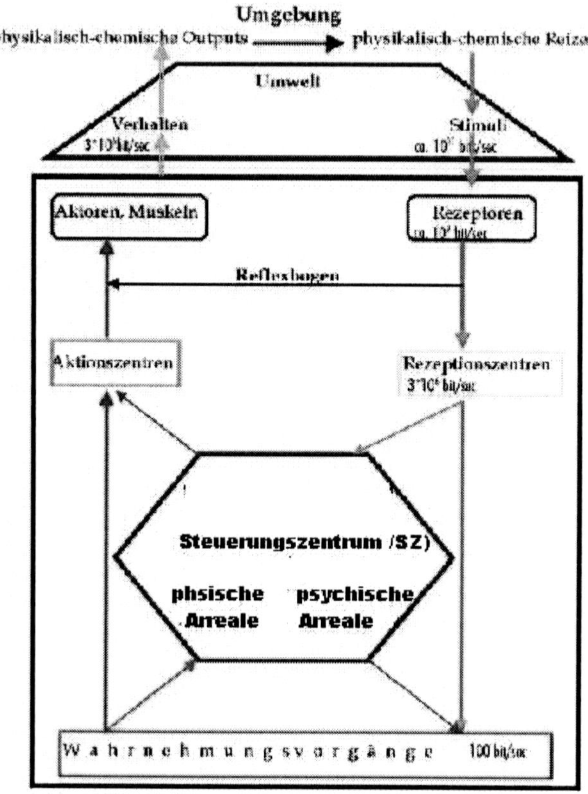

Bedenkt man, daß sowohl das physische als auch das psychische System stets individueller Art sind, so genügt dieser Ansatz für das weitere Vorgehen zur Erfassung der Teilsysteme sicher nicht. Das heißt, wir benötigen im weiteren Verlaufe zwei Versionen, die die Individualität der Systeme einschließen. Für das psychische Teilsystem sieht eine Prozeßgraphik etwa wie folgt aus:

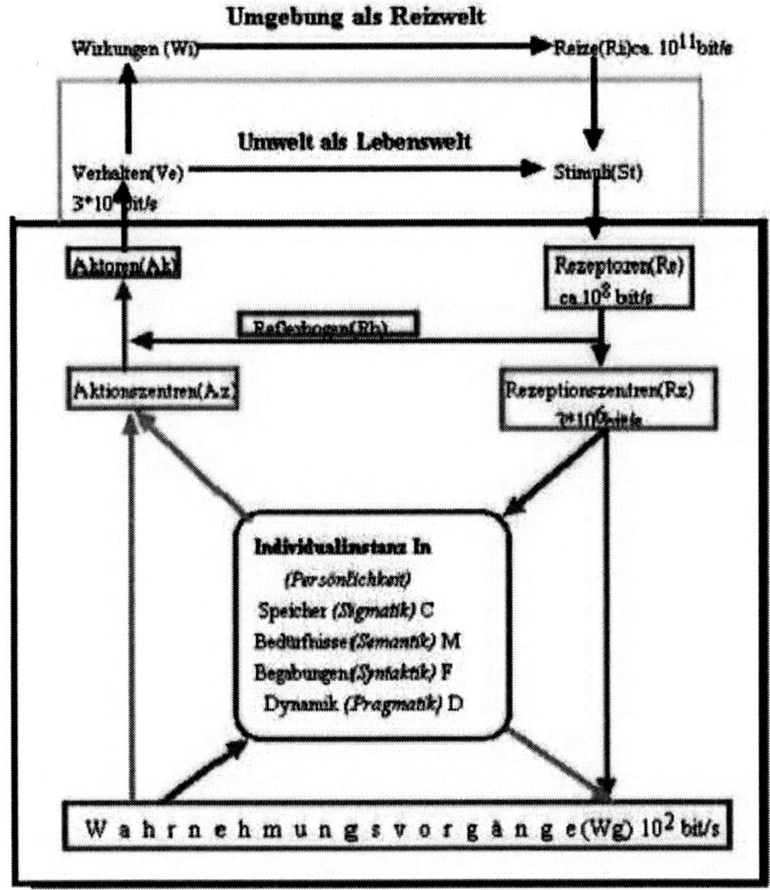

Hier wird deutlich, daß die Persönlichkeit das entscheidende Arreal des psychischen Systems ist, und zwar mit seinen 4 Aspekten. Und damit taucht als nächstes die Frage auf, wie dieses System aufgebaut ist. Ehe wir uns damit beschäftigen wollen, müssen wir uns aber noch mit dem Informationsverarbeitungsprozeß als solchem beschäftigen.

Informationen als „Regelgrößen"

Nicht nur beim Menschen, sondern bei allen biologischen Systemen beobachten wir, daß durch chemische oder physikalische Einwirkungen Folgen ausgelöst werden, die sich mit den Eigenschaften von Energie und Materie nicht erklären lassen.[21] Man spricht in diesem Zusammenhang von Informationen. Allerdings fehlt es bisher an einer positiven Definition dieses Begriffes. Zwar kann man diesen Terminus im alltäglichen Sinne einer Nachricht verstehen oder umschreiben, aber eindeutig ist eine solche Interpretation nicht. Ausgehend von der Tatsache, daß physikalische und chemische Vorgänge eine gewisse Struktur oder Gestalt haben, die wir als Signalmuster oder Anordnungsfolge oder Verknüpfung von Signalen bezeichnen, gelangen wir zum syntaktischen Aspekt der Information. Diese Signalmuster werden von Empfängersystemen mit Bedeutungen versehen und führen damit zu Wirkungen. Dabei kann ein bestimmtes Signalmuster für unterschiedliche Empfängersysteme unterschiedliche Bedeutung haben, nicht nur quantitativ, sondern auch qualitativ, u.U. auch gar keine. Am deutlichsten beobachten wir dieses beim Menschen, wenn er eine geschriebene oder gedruckte Nachricht erhält. Weder die Druckerschwärze noch das Papier bestimmen die vom Leser aufgenommene Information, sondern die Buchstaben- und Wortmuster und ihre Verknüpfungen, wobei durchaus der gleiche Drucktext für verschiedene Menschen unterschiedliche Bedeutung und Wirkung haben kann. Es erscheint also zweifelhaft, ob es fixe Beziehungen zwischen solchen Signalmustern und ihren Bedeutungen gibt. Es kommt hier nicht auf die übertragene Energie und nicht auf die Eigenschaften der Materie an, wenn auch die Signale chemischer oder physikalischer Natur sind. Jede Information ist zwar an einen materiellen oder energetischen Träger gebunden, das Signal, aber nicht mit ihm identisch. (z.B. Nerven und Pulsfrequenzen)

Auch hier begegnen wir wieder unterschiedlichen Aspekten, wie sie bei der Betrachtung der Übergangsfunktionen noch auftauchen werden:

---

[21] H. Anschütz: a. a. O. S. 14

Aspekte	Informationstheorie	Rezeption	Wahrnehmung
Sigmatik	Signale	Sinnesreizungen	Dinge
Syntaktik	Signalmuster	Erregungsgestalten	Strukturen
Semantik	Bedeutungen	Aufforderung	Zielrichtungen
Pragmatik	Wirkungen	Reaktionen	Verläufe

Es kommt also nicht nur auf das Signal, sondern auch auf das Signalmuster an, es kommt zudem auf das empfangende System an, ob ein solches Signalmuster Bedeutung gewinnt und Wirkungen auslöst und welche, wenn man von rein physikalisch-chemischen Wirkungen der Energie und Materieeigenschaft der Signale absieht, die auch dann ihnen entsprechende Wirkungen erzeugen.

Das bedeutet, daß hier sozusagen eine neue Dimension neben Materie und Energie das Geschehen, Zustand und Verhalten von Systemen beeinflußt, also in unsere Beschreibung der Systeme einfließen muß. Daraus ergibt sich eine ganze Reihe von Fragen. Zu ihnen gehört naturgemäß die nach einem Darstellungsschlüssel für Informationen. Ebenso wird es erforderlich, die Eigenschaften von Informationen und ihren Wirkungen zu erfassen und zu beschreiben, wobei naturgemäß auch die Besonderheiten der Sende- und Empfangssysteme sowie das Problem der Übertragung von Informationen zwischen ihnen nicht außer Acht bleiben dürfen. Ein besonderes Problem entsteht dadurch, daß u.U. unterschiedliche Signalmuster gleiche Bedeutung gewinnen und gleiche Wirkungen bei demselben Empfänger auslösen, daß ferner die unterschiedlichen Signalmuster auch auf unterschiedlichen Signalen beruhen können. Wir müssen also davon ausgehen, daß das Gebiet der Informationen mindestens ebenso umfangreich ist wie das der Materieeigenschaften und Energieumsetzungen. Zugleich aber verkompliziert es sich dadurch, daß es ganz besonders auf die individuelle Wesensart des Empfängers ankommt, nicht mehr wie in Physik und Chemie auf seine prinzipielle Beschaffenheit, auf seine Art, sondern auf seine Spezifität.

Betrachten wir also zunächst die Grundeigenschaften der Information. Dabei möge die folgende Graphik helfen:

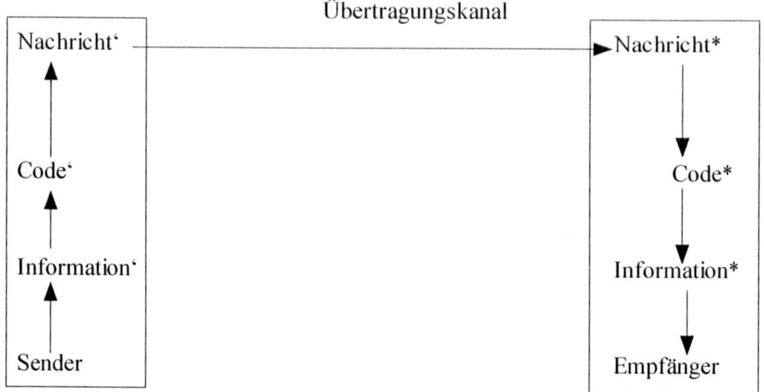

Die Signalmuster werden über einen Kanal übertragen, wobei innerhalb der Übertragungskette unterschiedliche Medien liegen können, die eine Transformation des Signalmusters nötig machen können. Innerhalb des Übertragungskanals bestehen u.U. Störungen, durch die das Signalmuster verändert wird, evtl. bis zur Unkenntlichkeit. Dadurch, aber auch infolge von Unterschieden zwischen dem Code', aufgrund dessen der Sender die Information in ein bestimmtes Signalmuster umsetzt, und dem Code*, mit dessen Hilfe der Empfänger die Signalmuster entschlüsselt, können Wirkungen beim Empfänger erzielt werden, die vom Sender nicht beabsichtigt sind.

Für einen Beobachter geht es darum, Sigmatik, Semantik, Syntaktik und Pragmatik der Informationsprozesse zu ermitteln. Während sich die Sigmatik und Syntaktik durch eine Analyse der Signale und Signalmuster im Übertragungskanal erfassen lassen, setzt die Semantik eine Beobachtung des Senders und Empfängers voraus, ebenso die Pragmatik.

Wesentlich ist bei alledem der Code, unter dem eine Zuordnung von Zeichenfolgen aus dem zur Verfügung stehenden Zeichenrepertoire zu dem Informationsgehalt zu verstehen ist. Letztlich heißt dieses, daß dabei eine Zeichenmenge (Informationsgehalt) auf eine andere (Signalmuster) abgebildet wird.[22] Dabei ist davon auszugehen, daß jedes informationsverarbeitende System (IVS) ein bestimmtes Repertoire von Zeichen für den

[22] H. Anschütz: a. a. O. S. 30

Ausgang, das Senden und ebenso ein solches für den Eingang, das Empfangen besitzt. Solche Repertoires sind Grundlagen der Informationstheorie. Diese Repertoires sind stets endliche Zeichenmengen. Sie besitzen eine bestimmte Mächtigkeit, die man erhält, wenn man jeder einzelnen Bedeutung eine Zahl zuordnet.

In der reinen Informationstheorie, die stark von Nachrichtentechnik und Computerwissenschaft beeinflußt ist, werden Zeichenrepertoires im allgemeinen mit Hilfe der Signale 0 und L dargestellt, also im binären Zahlensystem. Dadurch wird es möglich, räumliche Zeichenanordnungen in zeitliche Muster umzusetzen und umgekehrt. Die Informationstheorie, die fast ausschließlich dieses Signalrepertoire verwendet, bestimmt mit seiner Hilfe auch den Informationsgehalt einer Nachricht zu "Eine Nachrichtenmenge wird gemessen in Anzahl von Zeichen des Minimalrepertoires, die zur vollständigen Beseitigung der Unsicherheit notwendig ist."[23] Als Maßeinheit wird dafür das "bit" verwendet. Damit führt die Informationstheorie Semantik und Pragmatik der Information ausschließlich auf syntaktische Gegebenheiten zurück. Es ist aber fraglich, ob das den realen Gegebenheiten entspricht, ob damit nicht wieder nur ein Sonderfall wie bei der Betrachtung von Systemen im seltenen Gleichgewicht verabsolutiert wird.

Das zeigt sich besonders deutlich, wenn man sich einmal der Superzeichenbildung zuwendet. Gehen wir von unserer Wahrnehmung aus, so sehen wir z.B. auf einer Wiese 10 einzelne, konkrete Kühe. Um diese Information weiterzugeben, bedarf es eines Codes, der einmal Zahlbegriffe und darüber hinaus den Begriff Kuh als Abstraktum enthält. D.h., wir übersetzen konkrete Sachverhalte in abstrakte Begriffe, die gewissermaßen Superzeichen der konkreten Gegebenheiten darstellen, viele Einzelinformationen zusammenfassen. Damit einher geht naturgemäß ein Bedeutungswandel. Neue Signalmuster mit umfassenderer Bedeutung treten - gerade in der Wissenschaft - an die Stelle von konkretisierenden Signalmustern. Dementsprechend sinkt die notwendige Signalzahl, aber nicht auch immer der Informationsgehalt. Das bedeutet, daß es gefährlich ist, sich auf den syntaktischen Aspekt der Informationen und der Informationsgehaltsbestimmung zu beschränken. Das

[23] H. Anschütz: a. a. O. S. 39

heißt aber zugleich, daß wir auf jeden Fall prüfen müssen, in welcher Weise sich Informationen möglichst vollständig erfassen und beschreiben lassen.

Wie schon angedeutet, verschlüsselt jeder Sender die von ihm abzugebenden Informationen. Er verwendet dazu einen ihm zur Verfügung stehenden Code, und zwar möglichst jenen, von dem er annehmen kann, daß der Empfänger ebenfalls über diesen verfügt und folglich in der Lage ist, die im Zuge der Codierung entstehende Nachricht zu entschlüsseln oder zu decodieren. Nur so besteht die Möglichkeit für den Sender, bei dem Empfänger die gewünschten Wirkungen auszulösen. Dabei muß es sich in der Praxis keineswegs darum handeln, daß die Information für den Empfänger neu ist, wie es die informationstheoretische Betrachtungsweise fordert, denn nur dann ist es nach ihr eine Information. Es kann durchaus sein, daß die Information schon vorhanden ist, durch die neue Nachricht nur aktiviert oder verstärkt wird, was besonders beim Lernen wichtig ist.

Während die Informationstheorie von dem Gedanken ausgeht, daß durch die Signalmuster auch Semantik und Pragmatik der Information eindeutig bestimmt sind, kann davon z.B. bei der menschlichen Kommunikation keineswegs ausgegangen werden, weil die Codes der verschiedenen Menschen vielleicht ähnlich, aber keineswegs identisch sind. So bezeichnet zum Beispiel das Signalmuster „recht" für einen Norddeutschen etwas anderes als für einen Süddeutschen. Die Ursache für diese Gleichsetzung ebenso wie für die Vernachlässigung der Sigmatik, also für die Signale, liegt darin, daß die Informationstheorie ursprünglich für die Nachrichtentechnik entwickelt wurde, in der weitgehend mit standardisierten Bedeutungsgehalten und Codes gearbeitet wird. Auf organische Systeme trifft dieses aber keineswegs zu, so daß wir hier klar unterscheiden müssen.

Das wird noch deutlicher, wenn wir die Übertragungskanäle berücksichtigen. Der optische Übertragungskanal beim Menschen arbeitet u.a. mit dem Signalmuster der Schrift, teilweise sehr unterschiedlicher Schriften, wenn man etwa die chinesische, die griechische, die kyrillische oder die lateinische oder die „deutsche" Schrift betrachtet. Zudem kommen unterschiedliche Buchstabenformen bzw. Schrifttypen in den einzelnen Schriften vor. Die Signale ändern dabei ihr Aussehen, die Signalmuster sind nicht identisch. Ähnliches gilt auch für den akustischen Kommunikationskanal beim Menschen. Die Sprachen sind unterschiedlich, der Tonfall wechselt von Person zu Person, Hochsprache und Dialekte sind zu unterscheiden. Das bedeutet, daß die Signale und Signalmuster, also die Sigmatik und Syntaktik jeweils große Unterschiede bei gleicher Semantik und Pragmatik aufweisen. Das heißt, daß in einer allgemeinen Systemtheorie eine Beschränkung auf syntaktische Aspekte der Information nicht erlaubt sein kann.

Wenn wir von den Übertragungskanälen sprechen, müssen wir berücksichtigen, daß diese oft außerhalb von Sender und Empfänger liegen. Sie werden folglich auch von anderen Faktoren beeinflußt oder gestört. Derartige Störungen können zu Veränderungen der Signalmuster führen. Die Folge ist, daß u.U. beim Empfänger ein andere Nachricht ankommt, als der Sender abgesandt hat. Selbst bei gleichem Code von Sender und Empfänger besteht folglich die Gefahr, daß ganz andere Informationen empfangen werden, als abgesandt wurden. Um dieses zu vermeiden, besonders wenn mit derartigen Störungen gerechnet werden muß, ist es erforderlich, solche Nachrichten gewissermaßen mehrfach zu senden, um etwaige Veränderungen zu „überlisten" oder aber Signalmuster zu verwenden, die auch dann noch einwandfrei entziffert werden, wenn sie im Übertragungskanal verändert werden. Das ist meistens nur dadurch möglich, daß man „mehr Worte macht als nötig", also weitschweifig sendet. Man spricht in diesem Zusammenhang von der Redundanz. Es gibt in jedem Sender-Empfängerverhältnis für Informationen stets ein Signalmuster, das minimalste Redundanz aufweist, das aber auch am störanfälligsten ist.

Der Übertragungskanal muß nun keineswegs einheitlich sein. Im Zuge der Nachrichtenübermittlung können durchaus verschiedene Kanäle nacheinander oder zugleich verwendet werden. So wird beim Telephonieren folgende Kanalfolge gewählt:

Sprechorgane--->Luft--->Mikrophon--->Telefonkabel--->Ohrhörer--> Luft--->Ohr.

Jedesmal findet eine Übersetzung des einen Signalmusters in das nächste statt wie bei der Weitergabe von Neuron zu Neuron. Man spricht dabei von Transformation. Diese Transformation bildet eine weitere Störquelle. Hier kann es zu Veränderungen kommen, nicht nur der Sigmatik, also der

Signale, sondern auch der Signalmuster, woraus sich dann aufgrund der bestehenden Codes beim Empfänger Änderungen der erfaßten Bedeutungen und damit der Wirkungen herausbilden.

Es wurde schon angedeutet, daß durch Informationen Wirkungen beim Empfänger ausgelöst werden bzw. ausgelöst werden können. Und dabei handelt es sich um solche, die nicht den bekannten Gesetzen der Physik und Chemie gehorchen. Das bedeutet, daß die Wirkungen keinesfalls physiko-chemischen Energie- oder Materiewirkungen entsprechen. Aufgrund kleinster Energiemengen werden u.U. große Wirkungen in energetischer Hinsicht erzeugt. So löst der Schrei eines Tieres u.U. eine gewaltige Fluchtwelle einer ganzen Herde aus. Aber auch in technischen Systemen werden durch schwächste Impulse u.U. große Wirkungen ausgelöst. Ganz besonders deutlich treten solche Erscheinungen in Systemen zutage, die fähig sind zu lernen.

Betrachtet man dazu nun komplexe Systeme, die sich nicht im stabilen Gleichgewicht befinden, die mehr oder minder um eine solche Gleichgewichtslage herumpendeln, aber auch auf Informationen und nicht nur auf physikochemische Energie- und Materiewirkungen reagieren, so erkennt man, wie groß die Wahrscheinlichkeit zu „ungewöhnlichen" Reaktionen bei solchen Systemen ist. Das heißt aber, daß wir gerade hier nicht nur die Signale, die ja materielle bzw. energetische Elemente sind und entsprechende physikalische und chemische Wirkungen auslösen, sondern auch die Signalmuster, die von ihnen getragen werden, beachten müssen. Besonders in biologischen Systemen spielen derartige Signalmuster als Informationsträger eine wichtige Rolle, wenn es um die Steuerung dieser Systeme geht. Das betrifft nicht nur das in sich geschlossene individuelle biologische System, sondern ebenfalls die aus vielen solchen Systemen gebildeten Gesamtsysteme gleicher und ungleicher Organismen, also biologische Sozialkörper und Biotope. Selbstverständlich gilt das auch für Menschen und menschliche Sozialkörper sowie ihr Dasein in ihrer Umwelt. Um dieses in den Griff zu bekommen, brauchen wir eine Beschreibungs- und Darstellungsform für Informationen an sich. Da diese wiederum alle vier Aspekte aufweisen, ist es unumgänglich sie alle 4 zu erfassen. Also müssen wir zunächst die Signale beschreiben, die sigmatische Seite, was in gleicher Weise wie bei Systemen geschehen könnte. Dann sind die Signalmuster aufzuzeichnen, ob dazu unsere syntaktischen Verknüpfungsfunktionen aus der Systembeschreibung genügen, erscheint fraglich, eher ist an eine Mixtur aus mathematischen Formen und Symbolen zu denken. Auf der semantischen Seite ergeben sich besondere Schwierigkeiten, da hier einerseits an die des Senders, andererseits an die des Empfängers zu denken ist. Und dabei kann dasselbe Muster für verschiedene Personen unterschiedliche Bedeutungen haben. Das gilt dann auch im pragmatischen Aspekt einerseits je nach zugemessener Bedeutung, je nach vorhandener dynamischer Struktur. Das heißt, daß wir nach einem neuen Schlüssel suchen müssen, bedeutet aber auch, daß die Suche nach fixen Bedeutungen von Signalfolgen vergeblich sein wird.

So liefert uns auch die Betrachtung der Informationen und ihrer Basis erneut eine Mehrschichtigkeit, angefangen von den Signalen als Träger über die Signalfolgen und -muster bis hin zu den Bedeutungen und Wirkungen, die ihrerseits vom Wesen des Empfängers bestimmt werden. Ehe wir daraus nun weitere Schlüsse ziehen, werfen wir einen Blick auf andere Forschungsergebnisse.

Vom Physischen zum Psychischen

Seit den Anfängen der Psychologie im 19. Jahrhundert haben sich die Forscher mit der Frage nach dem Zusammenhang von Empfindungen bzw. Wahrnehmungen mit den aufgenommenen Reizen beschäftigt. Zunächst rein quantiativ, später auch qualitativ. Zur Frage der Abhängigkeit der Empfindungsstärke von der Reizstärke geistert immer noch die Fechnersche Gleichung:

$$E = k^* \ln R$$

durch die Literatur. So ergab sich nach Rohracher - in seiner Einführung in die Psychologie - *„Die Reizstärke muß in einem gleichbleibenden Verhältnis* *steigen, damit aufeinanderfolgende Reize als eben merklich stärker empfunden werden ‚oder' die relative Unterschiedsschwelle bleibt konstant."*[24] Das heißt:

$$E= k*\ln(R-R_0)+C$$

Hofstätter schreibt im Fischer Lexikon Psychologie unter dem Stichwort „Psychophysik" dazu *„Sowohl das Webersche als auch das Fechnersche Gesetz (ein >Weber-Fechnersches Gesetz< gibt es nicht!) haben sich in der empirischen Forschung als bloße Approximation der tatsächlichen Verhältnisse erwiesen; sie gelten meist nur im Mittelbereich des Reizkontinuums, der allerdings für praktische Zwecke und im Alltagsleben am wichtigsten zu sein pflegt."* [25]

Sicher, Weber und Fechner haben ihre Erkenntnisse nicht zusammengeführt, was aber keineswegs ausschließt, daß spätere Generationen dieses tun und dann von einem Weber-Fechnerschen Gesetz sprechen. Das trifft auch auf Witting zu, der in seiner Differentialrechnung die Ergebnisse beider Gesetze miteinander verbunden und mathematisch analysiert hat *„Bei einer gewissen Reizschwelle R_0 beginnt die Empfindung E, die bei wechselndem Reiz R bis zu einem Höchstwert H der Empfindung ansteigt. Der Zuwachs ΔE ist nun proportional zu dem Zuwachs ΔR des Reizes und zugleich proportional der Differenz (H-E). Wir erhalten also zunächst die Differenzgleichung*

$$\Delta E= k*(H-E)*\Delta R,$$

die empirisch gefunden wurde. Gehen wir nun zur Differentialgleichung über dE=k*(H-E)dR, so kommt als Lösung in bekannter Weise

$$\ln(H-E)=- k*R+C.$$

Aus der Bedingung E=0 für $R=R_0$ ergibt sich $C= kR_0+\ln H$ und daraus die Gleichung:

$$\boldsymbol{E=H(1-e^{-k(R-R0)})}$$

die natürlich nur für $R>R_0$ gilt." [26]

Berücksichtigt man nun, daß die Stimuli, also die wirkenden Reizsituationen bei ihrer Umwandlung in nervöse Erregungen als Schwingungs-

[24] H. Rohracher: Einführung in die Psychologie, 5. Aufl.

[25] P.R. Hofstätter: Psychologie a. a. O. Stichwort *Psychophysik*

[26] Witting: Differentialrechnung, Sammlg. Göschen, Bd. 87, 1949

vorgänge[27] nicht durch reelle Werte allein beschrieben werden können und zudem nicht isolierte Reize wirken, sondern stets eine Kombination von Figur- und Hintergrundfaktoren Grundlage der Bildung von Erregungsgestalten ist, so muß man zunächst den nur linear-quantitativen Ansatz der Psychophysik verlassen. Wir müssen vielmehr feststellen, daß die Erregungsgestalt von Figurstimuli St_f und Hintergrundstimuli St_h bestimmt wird, wobei sich rein quantitativ die Werte beider im Sinne komplexer Zahlen darstellen lassen. Das bedeutet, daß sich bei einer Fortsetzung ins Qualitative und Komplexe das Ergebnis von Witting wie folgt ändert:

$$\mathbf{Eg=H_{E^*}(1\text{-}e^{-\lambda(Stf+iSth)})}$$

Setzt man für St_f+iSt_h= St, so erhält man für die Wahrnehmung, die eine Funktion der sich bildenden Erregungsgestalt und der Persönlichkeit bzw. das sie vertretende Modell der Individualinstanz ist[28], (Wg=f(Eg,In))

$$\mathbf{Wg=H_{E^*}(1\text{-}e^{-\lambda\,(St+In)})}$$

(In=Individualinstanz=Persönlichkeitsmodell)

als Übergangsfunktion von den Stimuli als Reizfolge zur Wahrnehmung. Diese Funktion zeigt einmal, daß sowohl die im Weberschen als auch die im Fechnerschen Gesetz dargelegten Sachverhalte dadurch beschrieben werden. Zugleich ergeben sich daraus die individuellen Unterschiede der Wahrnehmung bei gleichen Stimulikonfigurationen. Ferner wird deutlich, daß in den Grenzbereichen, in denen St gegen Null geht, von der Individualinstanz Impulse für eine „Wahrnehmung" ausgehen können, worauf noch zurückzukommen sein wird. Schließlich ergibt sich unter Berücksichtigung dessen, daß St eine Summe im Komplexen ist, daß es im Quantitativen stets auf Reizfigur und Reizhintergrund ankommt, was besonders in den Grenzbereichen zu Unterschieden gegenüber den Ergebnissen mit Funktionen im Reellen führen muß. Es handelt sich also hier nicht mehr um eine gestaltidentische, sondern um eine konforme Abbildung. Das berücksichtigt auch der neuere Ansatz mit dem Potenzgesetz:

---

[27] vgl. dazu später die Rhythmusmerkmale, Frequenz- und Amplitudenänderungen

[28] vgl. B. Waszkewitz: Psychologie der Persönlichkeit, Stuttgart 2003

$$Wp = \rho \mathbf{R}^{b}$$ [29]

nicht, worin. Wp die Empfindungsstärke, ρ eine Konstante, die nicht mit k identisch ist und b eine sinnesabhängige Größe ist, die für die Helligkeitsempfindung z.B. 0,5; für die Schmerzempfindung bei Stromstößen 3,5[30] beträgt.

Ein wesentliches Problem der Wahrnehmungspsychologie bleibt damit einerseits die Größe H_E,[31] die letztlich ein Maß für die individuelle Höchstgrenze, damit für die Spanne der Wahrnehmungsintensität, also auch ihre Differenzierung darstellt. Da diese bei ein und demselben Individuum für die verschiedensten Sinnesgebiete keineswegs gleich sein muß, ergeben sich naturgemäß bei jedem einzelnen Menschen unterschiedliche Differenzierungen für die verschiedenartigen Wahrnehmungsfelder. Entsprechendes gilt auch für λ im Exponenten, der für die Unterschiedsschwelle steht, die selbstverständlich auf verschiedenen Sinnesgebieten unterschiedlich ist. Allerdings muß man zudem damit rechnen, daß auch diese Größe keineswegs bei verschiedenen Menschen gleich ist. Es ist nach meinen Erfahrungen - besonders in der Berufsberatung und der Personalauslese - vielmehr davon auszugehen, daß auch λ individuell unterschiedliche Werte annimmt, wenn ich auch keine Gelegenheit hatte, dieses zu messen.

Diese Überlegungen zeigen deutlich, daß schon rein von der Signalmusterverarbeitung her erhebliche Unterschiede zwischen den Individuen bestehen, also auch die Umwelten der Menschen sich in vielerlei Hinsicht unterscheiden. Damit wird es dann allerdings schwierig, den chemisch-physikalischen Realitäten und Mustern im nervösen System generell Informationswerte zuzuordnen. Das ist sicher auch einer der Gründe, weshalb Testwerte keineswegs ohne eine sorgfältige Exploration und möglichst nicht ohne Verhaltensanalyse zu bewerten sind. Hinzu kommt naturgemäß der Einfluß der Individualinstanzstruktur auf die Wahrnehmung gemäß Verhaltenssteuerungsmodell, wodurch weitere Unterschiede entstehen.

---

[29] Arnold/Eysenck/ Meili(Her.): Lexikon der Psychologie, Freiburg 1987, Stichwort *Psychophysik*

[30] nach Zimbardo: Psychologie 6. Aufl.

[31] die bei Stevens anscheinend außer Betracht bleibt

Diese Erkenntnisse weisen deutlich darauf hin, daß die nervösen Prozesse und psychische Vorgänge nicht das Gleiche, nicht nur zwei Seiten ein und desselben Geschehens sind. Zwar können die nervösen Muster die Wahrnehmungen beeinflussen, sie sind aber nicht mit ihnen identisch. Das wird noch deutlicher, wenn wir uns näher mit den Wahrnehmungserscheinungen beschäftigen. Ich werde mich dabei auf einige grundlegende und besonders wissenswerte Aspekte beschränken. Zu diesem Zweck soll zunächst noch einmal darauf hingewiesen werden. daß in den Rezeptoren die Reize in körpereigene Signale transformiert werden, d.h. in Nervenimpulse, deren Pulsfrequenz z.B. beim Temperaturnerven exakt den aufgenommen Temperaturwert angibt, der in der Wahrnehmung aber nicht ankommt. Da zudem diese Rezeptions- und Transformationsprozesse nicht bei allen Menschen gleich gut funktionieren, können die Impulse nicht in allen Fällen die gleichen sein. Deutlich wird dieses z.B. bei Augenfehlern, zumal man manche von ihnen mit technischen Mitteln ausgleichen kann , wodurch sich der Einfluß derartiger Unterschiede bestimmen läßt. Die hierbei herausgebildeten körpereigenen Signale werden dem vorstehenden Modell zufolge im Zentralnervensystem (ZNS) in den Rezeptionszentren zusammengefaßt. Hierbei handelt es sich um in tieferen Schichten des Zentralnervensystems liegende Zentren.

Wie die Übergangsfunktion lehrt, kommt es zunächst aus der Gesamtheit der Figur- und Hintergrund-Stimuli zu folgendenErregungsgestalten $Eg=H_E*(1-e^{-\lambda\Sigma Sti})$. Es bildet sich demnach ein Resultantenmuster der komplexen Eingangsgrößen. Das bedeutet, daß sich Strukturen, die man Gestalten nennen kann, herausbilden. Das Ganze, die Erregungsgestalt Eg, ist also etwas anderes als die arithmetische Summe im Reellen, ist demnach mehr als die Summe der Teile, wenn man bei dem Wort Summe an seine im Alltag übliche Form der Arithmetik im reellen Zahlenraum denkt. Unter Berücksichtigung der eingangs dargestellten Rechenoperationen im Komplexen ergibt sich, daß die Erregungsgestalten oder Erregungsmuster Resultanten aus den Einzelerregungen sind, wobei jeweils Realteil (Figur) und Imaginärteil (Grund, Hintergrund) zusammenwirken.

Betrachtet man sich dazu einen vereinfachten Fall z= a+bi, so ändert sich z sowohl bei Änderungen in a (Figur) als auch bei solchen in b (Hintergrund). Dieses entspricht allen bekannten Beobachtungen, ein Phänomen, das in den Anfangszeiten psychologischer Forschung viel Verwirrung gestiftet hat, sich bei Anwendung komplexer Zahlen unmittelbar logisch ergibt. Nehmen wir nun zwei solcher Stimuli x= a+bi; y= c+di und bilden daraus z= (a+c)+i(b+d), so erkennen wir auch hier das Prinzip, denn es addieren sich ja nicht nur die Figur-, sondern auch die Hintergrundstimuli. Auch dann, wenn x oder y keine oder fast keine Imaginärwerte aufweisen würde, würde für z über die Addition der Figuranteile hinaus der Hintergrundswert des einen Stimuli für beide Figurteile wirksam, was dann dazu führt, daß auch die Figuren nicht einfach eine arithmetische Summe im Reellen bilden. So ergibt sich der von den Gestaltpsychologen nachgewiesene Gestaltcharakter der Erregungsgestalten zwangsläufig.[32]. Er ist danach aber nicht eine Eigenschaft unserer Wahrnehmung, sondern liegt vor dem Wahrnehmungsprozeß und geht in ihn ein. Das heißt aber, daß die Erregungen der Individualinstanz schon Gestaltcharakter haben. Und das ist notwendig, wenn hier gezielt Assoziationen geweckt werden sollen, wie es lt. Beobachtung und obiger Schaltskizze der Fall ist, wobei als wesentlicher Prozeß eine Rückkopplung wirksam wird.

Analysieren wir $\Sigma z_i = \Sigma(x_i + iy_i)$ weiter, so folgt, daß unterschiedliche x und y Werte zu gleichen z-Werten führen können. Das bedeutet, daß unterschiedliche Stimuli gleiche Erregungsgestalten erzeugen können. Das beschreibt die Tatsache, daß das rezeptive Unterscheidungsvermögen des Menschen begrenzt ist. Zugleich ergibt sich aus den Eigenschaften komplexer Zahlen, daß Änderungen im Imaginärteil - also des Hintergrunds - zu völlig anderen Ergebnissen führen. Das heißt, daß Änderungen des Hintergrundes, vor allem größere, wesentlich andere Erregungsgestalten als Basis der Wahrnehmung entstehen lassen, so daß eine **Figur-Erregungsgestalten-Inkonstanz** die Folge sein muß. Dieses Phänomen wurde vielfach beobachtet. Nicht immer wurde berücksichtigt, daß derartige Phänomene ihre Ursache in

---

[32] P.R. Hofstätter: Psychologie, Ausgabe Frankfurt 1975, S. 155ff

der Komplexität der Stimuli und ihrer Verknüpfung, nicht in der Besonderheit der Wahrnehmungsfunktion haben. Andererseits können kleine Ausfälle im Realteil bzw. im Imaginärteil der Stimuli aufgrund der Eigenart der Resultantenbildung und der verminderten Wahrnehmungsdifferenzierung nahezu wirkungslos bleiben. Man spricht dabei von der **Prägnanztendenz**[33], die sich darin zeigt, daß unvollständige Figuren automatisch zu vollständigen, zu „guten Gestalten" ergänzt werden. Das kann allerdings auch dazu führen, daß es zu wirklichkeitsfremden Erregungsgestalten kommt, die nicht immer in der Wahrnehmung korrigiert werden. Auch die **Transponierbarkeit**[34], die z.B. dazu beiträgt, daß eine Melodie auch dann erkannt wird, wenn alle Töne geändert wurden, wie bei einer Übertragung in eine andere Tonart, folgt unmittelbar aus diesem Ansatz im Komplexen. Hierbei findet lediglich eine Translation der Erregungsgestalt statt, bei der die Struktur erhalten bleibt. Auch die optischen Täuschungen werden durch diese Beschreibung im Komplexen ohne irgendwelche Zusatzannahmen erklärbar, denn wirksam werden nicht die Einzelreize, sondern die Stimuliresultanten. Der gewählte Ansatz beschreibt zudem die Scheinbewegungen, bei denen viele minimale Veränderungen der Erregungspunkte kurvenartige Verläufe der Resultanten erzeugen. Auch das Phänomen der Kippfiguren erklärt sich ohne Zusatzannahme, wenn man sich überlegt, daß bei ihnen ja Figur und Hintergrund - also Realteil und Imaginärteil - annähernd gleichgewichtig sind. Real- und Imaginärteil können dadurch leicht vertauscht werden, und schon haben wir ein Phänomen von der Art der Kippfiguren. Im übrigen finden wir das auch im Alltag, und zwar dort, wo üblicherweise gesehene Figuren zum Hintergrund des zur Figur aufgerückten Hintergrundes werden.

Das gut bekannte **Konstanzprinzip**, das z.B. bewirkt, daß trotz großer Helligkeitsunterschiede Steinkohle sowohl im dunklen Keller als auch im hellen Sonnenschein schwarz erscheint, dürfte einerseits eine Folge der Transponierbarkeit sein, muß zum anderen als Ergebnis der Mitwirkung der Individualinstanz beim Wahrnehmungsvorgang zugeschrieben werden.

[33] Hofstätter: a. a. O. S. 164

[34] Hofstätter: a. a. O. S. 156

Hierbei geht es insbesondere dann um die Mitwirkung vorhandener Speicherinhalte als Basis, Steinkohle als solche zu erkennen, obwohl die physikalischen Eingangsreize und damit die nervösen Muster in beiden Fällen sehr verschieden sind. In allen diesen Fällen muß man bedenken, daß auf der psychischen Seite für die individuelle Wahrnehmung und das Erlebnis derselben die jeweilige Individualinstanz eine entscheidende Rolle spielt. Inwieweit man durch Vereinheitlichung der Bildung und Ausbildung sowie der Codes derartige individuelle Besonderheiten eindämmen kann, aber wohl kaum in einer pluralistischen, schon gar nicht in einer multikulturellen Gesellschaft.

Bei alledem muß man berücksichtigen, daß im Zuge der Resultantenbildung, die gewissermaßen zu Superzeichen führen kann, der Informationsgehalt in syntaktischer Hinsicht ständig vermindert wird. Das gilt so nicht für den Bedeutungsgehalt, den semantischen Aspekt der Signale, hier kann gerade das Gegenteil der Fall sein. Soweit es sich um die nervösen Muster und den syntaktischen Informationsgehalt handelt, wird die Einheit des **bit** verwendet, die sich für den semantischen und die Wahrnehmung nicht eignet, was Informationstheoretiker leider oft übersehen. Soweit es also den syntaktischen Informationsgehalt und auch -durchsatz angeht, muß man nach heutigen Erkenntnissen davon ausgehen, daß unsere Sinnesorgane etwa 10^{8} bis 10^{11} bit/s aufnehmen. Dieses vermindert sich in den Rezeptionszentren durch Resultantenbildung auf etwa $3'10^{6}$ bit/s. In der Wahrnehmungsstufe bleiben dann noch 100 bit/s übrig. Dabei ist aber wohl davon auszugehen, daß bei diesem Übergang in die Rindenregionen des Hirns der Code geändert wird, auf jeden Fall aber in der individuellen Wahrnehmung ein anderer Code wirksam ist.

Vom Psychischen zum Physischen

Auch mit der Übergangsfunktion vom „Psychischen" zum Verhalten haben sich viele Autoren beschäftigt. Zunächst war dieses die Domäne der Ausdrucksforscher, allen voran Darwin, Piderit und Klages. Letzterer formulierte in seiner Grundlegung der Wissenschaft vom Ausdruck einige wichtige Sätze, die nachfolgend wiedergegeben sein sollen:

„Jeder Seelenvorgang ist begleitet von einer ihm analogen Körperbewegung." [35]

„Der Ausdruck verwirklicht nach Stärke, Dauer und Richtungsfolge die Gestalt einer seelischen Regung." [36]

„Jede Spontanbewegung des Menschen wird unbewußt mitbestimmt von seinem persönlichen Leitbild, d.h. sie wird von unbewußten Erwartungen ihres wahrnehmbaren(anschaulichen) Erfolges mitbestimmt." [37]

Unter Berücksichtigung der Darlegungen von Darwin, Piderit, Preyer und Meyer formuliert Pophal in seinem Buche Handschrift als Gehirnschrift folgende Sätze[38]

- *„a) Einfachanalogische Bewegungen Analogie zwischen motorischem und seelischem Geschehen zwischen Außenvorgang und Innenvorgang nach Art des psychophysischen Parallelismus.*
- *b) Zweckanalogische Bewegungen Analogie zwischen Ausdrucksbewegung und einer Zweckhandlung, .. als ob nämlich eine zweckvolle Aktion beabsichtigt sei.*
- *c)Eindrucksbestimmte zweckanalogische Bewegungen bzw. Gestaltungen "Eindrucksanlässe", zu denen das Individuum eine persönlichkeitsspezifische Wahlverwandtschaft hat, werden nach dem Schema einer Willenshandlung nachgebildet und als Ausdruck charakteristischer Strebungen im „Bewegungsbilde" dargestellt.*
- *d)Mitteilende, malende, pantomimische, bezeichnende, darstellende Bewegungen Teils malende, pantomimische Gesten, teils hinweisende Willkürbewegungen dienen als rationales, unmittelbares Verständigungsmittel und zur Hinweisung....."*

Das Problem all dieser Darstellungen liegt einmal in der Verwendung des Terminus „Analogie", der sehr unbestimmt und verwaschen ist, zum anderen darin, daß diese Gesetze davon ausgehen, daß eine fixe und

---

[35] B. Wittlich: Angewandte Graphologie, Berlin 1948, S. 14

[36] L. Klages: Grundlegung der Wissenschaft vom Ausdruck, Bonn 1964 S. 157

[37] B. Wittlich: a. a. O. S. 13

[38] R. Pophal: Die Handschrift als Gehirnschrift, Rudolstadt 1949, S. 100f

eindeutige Kenntnis des Realpsychischen vorhanden ist. Letzteres findet sich auch noch bei dem Verfasser in seiner Dissertation, wie die dort vorgenommenen Neuformulierungen der Ausdrucksgesetze zeigen[39]:

1. Jeder psychische Vorgang ist von einem ihm gestaltgleichen physischen begleitet.

2. Jeder physische, psychisch bedingte Vorgang kann die gestaltgleiche Abbildung sein zu

a) einer ihm im Sinne des psychophysischen Parallelismus einfach und direkt zugeordneten Erscheinung(einfache Analogie)

b) einem vom Individuum verfolgten biologischen Zweck und sei dieser auch rudimentär (Zweckanalogie)

c)einer von der gestalteten Materie geforderten Gesetzmäßigkeit (unpersönliche Gestaltung)

d)einer bewußten persönlichen Absicht oder Haltung des Ausdrucksträgers, soweit diese der tatsächlichen psychischen Struktur desselben gemäß ist (persönliche Gestaltung aus Wahlverwandtschaft)

e) einer bewußten persönlichen Absicht oder Haltung des Ausdrucksträgers, soweit diese der tatsächlichen psychischen Struktur desselben kompensatorisch überlagert ist (persönliche Gestaltung zu Kompensationszwecken)

f) einer unbewußten persönlichen Absicht oder Haltung des Ausdrucksträgers, soweit diese der tatsächlichen Struktur desselben gemäß ist (Darstellung aus Wahlverwandtschaft)

g) einer unbewußten persönlichen Absicht oder Haltung des Ausdrucksträgers, soweit diese der tatsächlichen psychischen Struktur desselben kompensatorisch überlagert ist (Darstellung zu Kompensationszwecken)

h) einer vitalräumlichen Einbettung von biologisch-zweckgerichteten psychischen Vorgängen (Vitalraum)

---

[39]B. Waszkewitz: Die wissenschaftlichen Grundforderungen der Ausdruckspsychologie an die Graphologie, dargestellt an einer vergleichskritischen Betrachtung zweier graphologischer Systeme, Dissertation (Kiel 1952), veröffentlicht in B. Waszkewitz: Wissenschaftliche Graphologie im Lichte der Ausdruckspsychologie und der Verhaltensanalyse, 1998

i) einer von Erziehung und Umwelt beeinflußten Abbildung vorgestellter Umweltsituationen des Ausdrucksträgers (Vorstellungsraum)

3. Jede Ausdruckserscheinung ist als Abbildung einer psychischen Gestalt bezüglich der absoluten Größe der an ihrem Zustandekommen beteiligten Antriebs- und Hemmenergien unbestimmt, bestimmt dagegen bezüglich des sie bedingenden Verhältnisses dieser Energien.

4) Jede systematisch erfaßte oder faßbare Ausdrucksgestalt ist als allgemeines Symptom unbegrenzt vieldeutig bezüglich der qualitativen Besonderheit der an ihrem Zustandekommen beteiligten psychischen Faktoren.

Der darin verwendete Terminus „gestaltgleich" stellt eine Präzisierung der Bezeichnung „analog" dar. Gestaltgleich sind zwei Erscheinungen, bei denen die Verhältnisse der Teile zueinander gleich sind. In der Geometrie spricht man dabei auch von Ähnlichkeit. Es handelt sich also nicht um Gleichheit im Sinne einer Kongruenz, lediglich um eine Gleichheit der Verhältnisse, etwa physischer Lebhaftigkeit zu psychischer Lebhaftigkeit (Homomorphie).

Soweit es den Vitalraum betrifft, kennt er zwei Richtungen, eine zentrifugale - weg vom eigenen Körper und eigenen Ich - und eine zentripetale als Gegenstück. Im Gegensatz dazu kennt der Vorstellungsraum drei Richtungen, nämlich links-rechts, oben-unten und vorne-hinten. Dabei ist die horizontale links-rechts Richtung zugleich mit falsch-richtig, böse-gut usw. verknüpft, die Tiefenrichtung vorne-hinten mit gestern-morgen, Flucht-Angriff und die Vertikale oben-unten mit Geist-Trieb, Ideellem-Materiellem usw..

Diese Ergebnisse brachten eine erste Korrektur der Analogietheorien der klassischen Ausdruckspsychologie. Eine völlige Neubearbeitung und Herleitung der Ausdrucksgesetze ging 1959 vom Verfasser aus und fand ihren Niederschlag in Abriß der Ausdruckstheorie, die damals in der Psychologischen Rundschau erschien. Unter Verwendung mathematischer Leerstrukturen der Differential- und Integralrechnung gelang es, zu noch präziseren Erkenntnissen vorzudringen.[40]

Etwa zum gleichen Zeitpunkt vollzog sich auch in der deutschen Psychologie ein Wandel, der für die weitere Arbeit der Ausdruckspsychologen entscheidend war. Die allgemeine Wendung zur Sozialpsychologie läßt die rein individuelle Betrachtungsweise ihre souveräne Stellung verlieren. Die Umwelt, also auch die jeweilige Umweltsituation, gewinnen an Bedeutung. Damit kommt es zur Erkenntnis, daß die bisherigen Überlegungen relativ sind, zumal die Ausdruckspsychologie in ihren Ausdrucksgesetzen diese Einflüsse kaum oder gar nicht beachtet hatte, wenn die Praktiker sich ihrer Bedeutung auch stets bewußt waren. Hier fand also der entsprechende Prozeß statt wie in der Wahrnehmungspsychologie durch die Berücksichtigung der Individualinstanz.

Auch vom Standpunkte einer kybernetischen Psychologie ließ sich die isolierte ausdruckspsychologische Behandlung dieser Fragestellungen nicht aufrechterhalten. Es wurde erforderlich, den Input zu integrieren. Zudem war zu beachten, daß die psychischen Faktoren keine linearen bzw. skalaren Größen sind. Eine Darstellung der wirkenden Algorithmen im Reellen konnte diesen Erkenntnissen nicht gerecht werden. Nur durch eine Fortsetzung ins Komplexe bestand evtl. die Möglichkeit, zu Übergangsfunktionen vorzudringen, die den Beobachtungen gerecht werden. Führt man eine solche Fortsetzung ins Komplexe durch, so erhält man als Funktion im Komplexen:

$$\mathbf{Ve = H_V(1 - e^{-\mu(Wg+In)})}$$

Ohne uns hier um die Entstehung von Wg zu kümmern (s.o.), läßt sich auch hier wieder feststellen, daß Veränderungen im Ergebnis, also im Verhalten um so geringer werden, je größer (Wg+In) wird. Das haben auch die Simulationsrechnungen gezeigt[41]. Um im einzelnen verständlich zu machen, was diese Funktion bedeutet, müssen wir sie ein wenig unter Zuhilfenahme der Erkenntnisse der Funktionentheorie interpretieren.

---

[40] Waszkewitz: Abriß der Ausdruckstheorie in Psychologische Rundschau Heft 3/X/59 S. 191ff; S. 83 ff

[41] vgl. B. Waszkewitz: Psychologie der Persönlichkeit, S. 167, ibidem-verlag, Stuttgart 2003

Zu diesem Zwecke vergegenwärtigen wir uns zunächst, daß es sich bei einer solchen negativen e-Funktion im Komplexen um eine sog. konforme Abbildung handelt. Das weist uns darauf hin, daß hier eine andere Art der Abbildung stattfindet als sie von der bisherigen Ausdruckspsychologie beschrieben wurde. Es ergibt sich auch hier eine Gestaltidentität, aber nicht durchgängig, sondern nur bei kleinen Änderungen. Bei größeren Änderungen in **Wg** oder **In** kann man nicht mehr von einer Gestaltgleichheit sprechen. Da derartige größere Änderungen im Input in der Realität aber häufig sind, müssen wesentliche Verhaltensänderungen bei den Menschen einkalkuliert werden. Das gilt natürlich besonders in Krankheitsfällen und bei außergewöhnlichen äußeren Umständen. Man kann daher hier in der Analyse auch nicht nach den Prinzipien der klassischen Kausalität im Sinne streng determinierter Systeme vorgehen. Das bedeutet, daß Prognosen mit erheblichen Unsicherheiten behaftet sein werden, die nicht berücksichtigt zu haben, eine der wesentlichen Fehlerquellen der klassischen Ausdruckspsychologie darstellt. Man hat hier früher zu reduktionistisch und evtl. zu physikalisch gedacht.

Infolge der Verlegung ins Komplexe beschreibt die Grundgleichung zugleich eine Drehung der Abbildung gegenüber dem Abgebildeten. Dieser Tatbestand ist allgemein geläufig, etwa wenn ein Affekt auf ein anderes Ziel als seinen Auslöser gerichtet wird. Eine weitere Eigenschaft der Grundgleichung ist ihre Periodizität. Das bedeutet, daß jedes Verhaltenssymptom mehrere Hintergründe (Komponenten und Elemente) aufweisen kann. Eine Auflösung dieser qualitativen Vieldeutigkeit dürfte nur auf dem Wege über die Komplexdiagnostik möglich sein, wobei auch die Technik der Parallelverfahren und Mehrfachuntersuchungen eine wichtige Rolle spielt. Demgegenüber verliert die früher vielfach diskutierte quantitative Vieldeutigkeit an Bedeutung, wenn auch eine gewisse quantitative Unbestimmtheit infolge der mangelhaften Kenntnis der Werte Hv und μ zurückbleibt.

Während die bisherigen Überlegungen mehr eine allgemeine Interpretation der Grundgleichung umfassen, müssen wir nun feststellen, ob sich aufgrund funktionentheoretischer Erkenntnisse weitere Schlüsse ziehen lassen. Dabei ist zunächst auf den Cauchyschen Integralsatz hinzuweisen:

„Ist f(z) in einem einfach-zusammenhängenden Gebiet regulär, so ist

$$\oint_{(C)} f(z)\,dz$$

Null, wenn C einen beliebigen geschlossenen in G liegenden Weg bezeichnet."[42]

Um daraus das verhaltensanalytisch relevante Ergebnis zu gewinnen, muß zunächst festgestellt werden, was das Integral als solches für uns aussagt. Eine geometrische Interpretation wie im Reellen ist hier nicht möglich, lediglich eine Bedeutungsübertragung. Danach stellt das Integral die Gesamtheit des psychischen Ablaufes bzw. des Verhaltens in der Situation dar. Das bedeutet dann psychologisch, daß das Integral des Verhaltenssymptomwertes gleich Null ist, wenn von Wg_0 ausgehend zu einem beliebigen Zustand Wg der Weg sich bei Wg_0 wieder geschlossen hat. Anders formuliert heißt dieses, daß das Ruheverhalten identisch bleibt, solange Wg sich nicht dauerhaft ändert. Das erklärt zugleich, weshalb viele Reize und Erregungen im Verhaltensbild keine dauerhaften Spuren hinterlassen. Diese dauerhaften Spuren können erst dann entstehen, wenn bei gleichbleibenden St Veränderungen in In entstehen bzw. umgekehrt. Treten solche dauerhaften Veränderungen in Wg und In zugleich auf, läßt sich über das Ergebnis erst etwas sagen, wenn man die Resultanten beider vorher und nachher miteinander vergleicht.

Ein weiterer Satz der Funktionentheorie lautet:

„Ist f(z) eine im Gebiet G eindeutige und stetige Funktion, ist z= z° ein beliebiger, aber weiterhin fester Punkt in G und ist das Integral

$$F(z)=\int_{z}^{z^\circ} f(z)\,dz$$

[42]K. Knoop: Funktionentheorie I und II, Sammlung Göschen Bd. 668 und 703

unabhängig vom Wege, wofern dieser nur ganz in G verläuft, so liefert sein Wert eine in G reguläre Funktion F (z) der oberen Grenze z°, falls dieser Punkt und der Integrationsweg ganz in G liegen." [43]

Dieser Satz greift noch einmal auf, daß das Integral vom Wege unabhängig ist, nicht aber unabhängig von Wg. Psychologisch bedeutet dieses, daß es auf den Endzustand Wg_1+In ankommt, aber nicht darauf, wie und auch welchem Wege es dazu gekommen ist. Das ist für die psychologische Verhaltensanalyse besonders bedeutsam, denn sie braucht folglich nicht zu prüfen, auf welchen Wegen es im Einzelfalle zu der jeweils beobachteten Konstellation gekommen ist[44]. Das bestätigen die Ergebnisse der praktischen Diagnostik, die sonst de facto unmöglich wäre. Zum anderen zeigt obiger Satz, daß die Gesamtheit des Verhaltens, die im Integral zum Ausdruck kommt, eine reguläre Funktion, also eine konforme Abbildungen einschließende Funktion der Grenzbedingungen des Verhaltens darstellt.

Unsere Abbildungsfunktion ist eine periodische Funktion, die keine Häufungsstellen im Endlichen hat.[45] Im Endlichen - dem wissenschaftlich untersuchten Bereich - können demnach nur endlich viele Möglichkeiten für Σ(Wg+In) bestehen. Infolgedessen kann es nur eine endliche Zahl von In-Werten, also individualinstanzlichen Dimensionen geben, eine für die Persönlichkeitspsychologie besonders wichtige Erkenntnis, die besagt, daß die Persönlichkeit mit Hilfe einer endlichen Zahl von Faktoren vollständig zu beschreiben ist.

Ausgehend von der Tatsache, daß Grundlage dieses Informationsverarbeitungsprozesses die nervösen Vorgänge - somit ein physisches Geschehen - sind, muß nun zunächst die Frage beantwortet werden, welche Umformungen beim Übergang vom Physischen zum Psychischen und umgekehrt stattfinden. Diese Übergangsfunktionen sind sehr kompliziert und lassen sich nur mathematisch behandeln und beschreiben, wie schon Roth in Anlehnung an Händler [46] dargelegt hat. Deshalb zunächst ein Beispiel dazu und nach-

[43] K. Knopp: a. a. O.

[44] solange der Weg in G, also im „Gewohnten und Bekannten" bleibt

[45] K. Knopp: a. a. O.

[46] E. Roth: a. a. O.

folgend der Versuch, die wesentlichen Aussagen dieser Übergangsfunktionen in die Sprache zu übersetzen bzw. in ihr zu interpretieren - wenigstens näherungsweise -, denn exakt ist das nicht möglich.

Das nachstehende Beispiel zeigt in etwa, wie sich dieses auf eine Abbildung auswirkt: Es entsteht eine **konforme Abbildung**. Bilden wir im komplexen Zahlensystem eine Funktion w=f(z), so können wir w für die unterschiedlichen z-Werte nicht einfach so auftragen und aufzeichnen, wie im reellen Zahlensystem die y-Werte für y=f(x), denn sowohl Abszisse als auch Ordinate sind schon von den z-Werten belegt. Also müssen wir die w-Werte auf ein zweites Blatt übertragen, zumal auch sie komplexer Natur sind. Zu diesem Zwecke wollen wir eine Abbildung einer Figur Z in eine W nach der folgenden Gleichung $W= 2*(1-e^{-(0.02+0.02i)*(Z)})$ vornehmen, wobei Z= z'+iz" zu setzen ist. Um dieses möglichst einfach zu gestalten, wählen wir drei verschiedene Z nach folgender Tabelle

z'_1	iz''_1	W'_1	iW''_1
0.001	0.0005	1.9999	0.00002
0.020	0.0005	1.9991	0.00078
0.020	0.0100	1.9988	0.00040
0.001	0.0100	1.9995	-0.00036
z'_2	iz''_2	W'_2	IW''_2
1.0	0.5	1.9408	0.02
20.0	0.5	1.2276	0.50
20.0	10.0	1.0757	0.22
1.0	10.0	1.5791	-0.29
z'_3	iz''_3	W'_3	iW''_3
2.0	1.0	1.8832	0.04
40.0	1.0	0.6262	0.62
40.0	20.0	0.5548	0.23
2.0	20.0	1.2055	-0.45

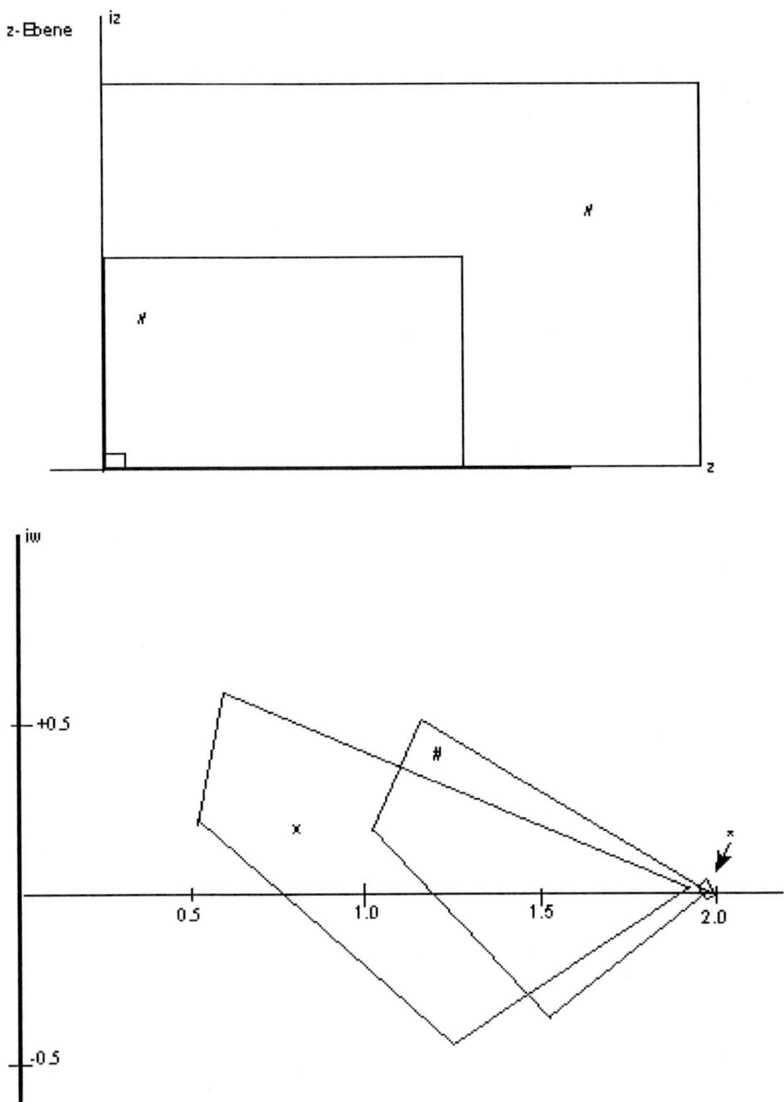

Es sind also 3 Rechtecke, wobei die der z-Ebene ineinandergreifen. Im Hinblick auf die 1000 bis 2000fache Vergrößerung von z2 und z3 gegenüber z1 wurde nicht ganz maßstabsgerecht verfahren, denn dazu hätte der

Platz nicht ausgereicht. Es kam auch vor allem darauf an, die Änderungen der Gestalten zu demonstrieren. Je weiter die Eckpunkte der Ausgangsrechtecke auseinanderliegen, desto mehr weicht das Bild in der W-Ebene von der Rechteckform, der Grundgestalt ab. Übersetzt man dieses im Sinne gestaltpsychologischer Betrachtungsweisen, so verändert sich die Gestalt gegenüber ihrer Ausgangsform (z) umso stärker, je größer die Abweichungen werden.

oder:

Eine konforme Abbildung ist eine gestaltgleiche Abbildung, solange die Änderungen sehr klein bleiben. Sobald größere Änderungen oder Unterschiede auftreten, verschwindet die Gestaltidentität. Das ist äußerst wichtig, denn das heißt, daß es auf eine sehr differenzierte Analyse des Verhaltens ankommt, wenn man aus ihm die richtigen Schlüsse auf die Persönlichkeit eines Menschen ziehen will.

Wie eingangs dargelegt, müssen wir die Informationsverarbeitungsprozesse und ihre Größen bzw. ihre Bedeutung aus dem Verhalten erschließen. Dieses Verhalten unter jeweils gegebenen Bedingungen zeigt keineswegs linearen Charakter, weder bezogen auf die Reizkonfiguration noch hinsichtlich der mitwirkenden Verarbeitungsfaktoren. Es ergibt sich, daß das Verhalten in psychischer Hinsicht von der Wahrnehmung - nicht von der Reiz- oder Stimulikonfiguration oder den nervösen Mustern direkt - und der Individualinstanz bestimmt wird. Sie bestimmt also das Verhalten in stärkerem Maße als die Stimulikonfiguration, wenn sie auch selbst teilweise Funktion der Stimulikonfiguration ist. Wieder haben wir es dabei mit einer konformen Abbildung zu tun, also einer konformen Abbildung einer konformen Abbildung, so daß der bekannte Satz von Klages, wonach jeder psychische Vorgang von einem ihm analogen Ausdrucksgeschehen begleitet wird, nur in sehr engen Grenzen Gültigkeit haben kann. Es wird dadurch verständlich, daß gerade in der Ausdruckspsychologie Wahrheit und Irrtum so dicht beieinander liegen. Das gilt insbesondere für den Eindruck vom Ausdruck der anderen, da der Empfänger eine anders aufgebaute Individualinstanz aufweist als der Sender. Er kann daher auch nur selten die Auswirkungen der jeweiligen Stimulikonfigurationen auf den Sender abschätzen. Das erschwert naturgemäß auch die wissenschaftliche Verhaltensanalyse als Mittel zur Bestimmung der Werte der Individualinstanzdimensionen.

Um dennoch aus dem Verhalten eines Menschen Rückschlüsse auf Struktur und Dimensionswerte seiner Individualinstanz ziehen zu können, ist es nötig, eine möglichst differenzierte Verhaltenssymptomsystematik zu entwickeln, so daß die quantitativen Unterschiede der Symptome nur noch kleine Änderungen darstellen. Nur dann besteht eine Chance, eine realitätsgerechte Erfassung der Wahrnehmungs- und Individualinstanzresultante zu erzielen. Das gilt sowohl für die Fremd- als auch für die Selbstanalyse. Damit man dabei die Anteile von Stimulikonfiguration und Individualinstanz, die sich in einer Resultante verbunden haben, herausfiltern kann, muß das Verhalten stets unter verschiedenen Umständen, also bei unterschiedlichen Stimulikonfigurationen analysiert werden. Es ist folglich eine Langzeitanalyse erforderlich. Soweit Selbstanalysen vorgenommen werden sollen (Fragebogen usw.), müssen stets mehrere Fragen zu jeder Dimensionen gestellt werden, und zwar unter Änderung der Kontextbeziehungen. Will man mehr als erste Orientierungswerte für eine weitergehende Untersuchung gewinnen, benötigt man mindestens zwei Durchgänge bei Fragebogenanalysen, wobei die Verwendung von Parallelverfahren zweckmäßig ist. Generell ist es unverantwortlich, wenn etwa eine Persönlichkeitsdiagnose, und sei es nur eine partielle, nach nur einer Methode bzw. nur einem Durchgang vorgenommen wird. So darf man niemals eine schriftpsychologische partielle Persönlichkeitsdiagnose nach nur einer Schriftprobe vornehmen. Ein Schreibverhaltenstest, wie der Verfasser in Anlehnung an Überlegungen von E.v.Niederhöffer vorgeschlagen hat, kann ein Hilfsmittel sein, aber auch nur ein begrenztes. Wesentlicher für derartige Diagnosen ist Schriftmaterial aus verschiedenen Zeiträumen zu unterschiedlichen Anlässen. Es gelten hier grundsätzlich andere Voraussetzungen als im Falle einer Verhaltenstrukturbestimmung im Sinne der Behavior Science. Auch ist dabei stets zu bedenken, daß Menschen dieselben Stimulikonfigurationen keineswegs objektiv wahrnehmen, so daß es zweckmäßig ist, dafür zu sorgen, daß die Symptombestimmung des Verhaltens oder solcher Verhaltensprodukte durch mehrere verschiedene Personen erfolgt. Die Bestimmungsunterschiede sollten diskutiert und abgestimmt werden. Wo dieses - aus welchen Gründen auch immer - nicht möglich ist, kann das durch eine Mittelwertbildung ersetzt werden, wie es die entsprechenden Auswertungsprogramme verwirklichen.

Der komplexe Charakter der Übergangsfunktionen und ihrer Variablen zeigt für Wahrnehmung und Verhalten Richtungsverschiebungen als Möglichkeiten an, wie sie uns in der täglichen Praxis immer wieder begegnen. Diese können gerade im Rahmen gestaltungsanalytischer Untersuchungsverfahren (Handschrift, WZT, WaZT usw.) zu Problemen führen, da sie an dem Gestaltungsprodukt nicht erkennbar werden. Aber auch bei allen anderen verhaltensanalytischen Instrumenten sind sie wirksam. Ausfiltern kann man sie nur, wenn das Verhalten eines Menschen in sehr unterschiedlichen Situationen analysiert wird. Eine längere Beobachtung bzw. mehrfache Analyse und ein Ausgleich über eine Mittelwertbildung ist daher erforderlich. Ein einfaches Beispiel möge dieses verdeutlichen. Man braucht dazu nur an den eifrigen Kirchgänger zu denken, der keineswegs fromm ist oder aus religiösem Bedürfnis handelt, sondern etwa, weil er sich vom Pfarrer den Zuschlag für einen Bauauftrag verspricht. Das heißt aber auch, daß jede menschliche Verhaltensäußerung letztlich vieldeutig bleibt, und das nicht nur wegen der Periodizität der Übergangsfunktionen. Im Zuge von sog. Verhaltenstrainings wird immer wieder versprochen, menschliches Verhalten zu verändern. Ein Blick auf die Schlußfolgerungen aus den Übergangsfunktionen lehrt jedoch, daß solche Änderungen nur stattfinden, wenn sich entweder die Stimulikonfigurationen, also die Situationen ändern oder aber Veränderungen in der Individualinstanz stattfinden. Dazu kann man natürlich den Menschen in eine andersartige Umwelt versetzen, wozu man allerdings seine individuelle sehr genau kennen muß, also analysieren muß, z.B. mit Analyseprogrammen zu Anforderungen, zur Struktur des Sozialkörpers usw.. Gravierende Änderungen der Individualinstanz sind beim erwachsenen Menschen in semantischer, syntaktischer und pragmatischer Hinsicht selten zu erwarten. Verhaltensänderungen bei unveränderten Umweltbedingungen lassen sich folglich fast nur über Änderungen im sigmatischen Systemaspekt erzielen. Das heißt aber, daß eine Veränderung der Wahrnehmung wesentlich ist, was mit Hilfe einer Erweiterung des Wissens, des Erwerbs und der Einübung von Fertigkeiten und Verfahren zu erzielen ist. Sollen bisherige Verhaltensschemata also durch neue ersetzt werden, bedarf es sehr intensiver Einübung der neuen, da sonst die bisherigen Gewohnheiten durchschlagen. Hier liegt eine der Ursachen für die relativ geringe Wirkung - vor allem kurzfristiger - verhaltensorientierter Bildungsmaßnahmen.

Ein Blick auf die Simulationsrechnungsergebnisse[47] zeigt zudem, daß |Wg| und |Ve| deutlich positiv miteinander korrelieren, daß diese Korrelation um so höher ist, je stabiler die psychische Struktur ist. Die Steigerung der Beträge im Vergleich zueinander ist jedoch deutlich unterschiedlich, denn während die Wahrnehmungsintensität bei geringeren Individualwerten und gleichen Stimuliveränderungen wesentlich schneller wächst, treten wenig Veränderungen auf der Verhaltensseite ein, die Erregungen bleiben weitgehend interner Art. Das heißt zunächst, daß Verhalten und Verhaltensänderungen in ihrer Intensität von der psychischen Intensität der Persönlichkeit mitbestimmt werden. Die Korrelation zwischen Wahrnehmungsfigur und Verhaltensfigur ist bei höheren Individualwerten größer, ebenso wie die zwischen Stimulifigur und Verhaltensfigur.

Demgegenüber bleibt die Korrelation der Hintergrundswerte konstant, wenn die Figurhintergründe konstant bleiben. Überhaupt wachsen bei gleichem Stabilitätsgrad und steigendem |In| die Verhaltensintensitäten, sie hängen also von der „Vitalität" der Person ab, sie ändern sich aber nicht mit dem Stabilitätsgrad. Wohl aber ändert sich mit sinkendem Stabilitätsgrad bei konstanten |In| die Korrelation zwischen Wahrnehmungs- und Verhaltensintensität bis hinein in negative Werte. Überhaupt nimmt die Korrelation zwischen dem Stabilitätsgrad und der Verhaltensintensität ab, reicht teilweise bis in den negativen Bereich, wie auch - wenn auch wesentlich geringer – eine Verminderung der Korrelation von Ing und Ve´ festzustellen ist. Das weist darauf hin, daß die Verhaltensfiguränderungen sich bei abnehmender Stabilität nicht mehr ganz gleichsinnig zu deren Abnahme verhalten. Diese

[47] B. Waszkewitz: Psychologie der Persönlichkeit a. a. O. S. 167ff

Beobachtungen decken sich also mit den Ergebnissen der Beschreibung der Übergangsfunktionen im komplexen Zahlensystem.

Zusammenfassend lassen sich die bisherigen Erkenntnisse sprachlich wie folgt interpretieren:

1. Zwischen den Stimuli (St) und der Wahrnehmung (Wg) besteht keine eindeutige und konstante Beziehung, denn es herrscht eine konforme Abbildung, d.h. keine Kongruenz und nur bei kleinen Änderungen eine Ähnlichkeit und Gestaltidentität. Aufgrund dieser Stimuli-Wahrnehmungs-Inkonstanz lösen gleiche Reizkonfigurationen u.U. unterschiedliche Wahrnehmungen aus, was auch damit zusammenhängt, daß die Wirkungen der Individualinstanz nicht immer gleichbleibend sind.

2. Erregungsgestalten als Basis der Wahrnehmung unterliegen der spontanen Tendenz zur gestalthaften Organisation, d.h., daß die Einzelreize wie gemeinsam wirkende Kräfte zu einer Einheit verbunden werden, der die Einzelwerte nicht ohne weiteres entnommen werden können. Diese Strukturierungstendenz ist die Basis der Ganzheitlichkeit der Wahrnehmung und ihrer Inobjektivität.

3. Die Wahrnehmungsgestalten heben sich als abgesonderte, umgrenzte, gegliederte und möglichst geschlossene Bereiche (Figuren) von einem wenig oder unstrukturierten (imaginären) Grund ab, der meistens nicht bewußt wird. Diese Figur-Grund-Trennung wird ebenfalls von der Individualinstanz (In) mitbestimmt und bedingt die Subjektivität der Wahrnehmung mit.

4. Wahrnehmungsgestalten werden infolge der Mitwirkung der Individualinstanz an ihrem Zustandekommen als bedeutungsvoll erlebt. Diese Wahrnehmungssemantik, d.h. das Versehen der Reizkonfigurationen mit Bedeutungen, ist also eine Funktion der Individualinstanz und ihrer Besonderheit und damit Auslöser entsprechenden Verhaltens.

5. Durch Kurzzeitigkeit der Darbietung oder Unvollständigkeit der Stimuli uneindeutige Erregungsgestalten werden durch die Prägnanztendenz zu möglichst symmetrischen und vollständigen Wahrnehmungsgestalten ergänzt, die nicht der vorhandenen Reizkonfiguration entsprechen müssen.

Das erleichtert die Orientierung bei unvollständiger Reizaufnahme, birgt aber die Gefahr von Falschwahrnehmungen.

6. Durch Mitwirkung der Individualinstanz entsteht u.a. auch bei Änderungen der Reizkonfiguration eine Konstanz der Wahrnehmungsinhalte, die durch die Mitwirkung des Speichers und seiner Inhalte an der Wahrnehmung zustandekommt. Dieses Konstanzprinzip bewirkt, daß Inhalte auch unter veränderten Darbietungsbedingungen erkannt werden können, etwa Kohle im Keller und im Sonnenlicht als solche.

7. Gleich strukturierte Reizkonfigurationen führen auch bei Verschiedenheit der Einzelreize zu gleichartigen Erregungsgestalten. Diese Transposition ermöglicht z.B. das Wiedererkennen einer Melodie in anderer Tonart.

8. Die Wahrnehmungsintensität wird sowohl von den Figurstimuli- als auch von den Hintergrundstimuliintensitäten bestimmt, ist also auch eine Folge des jeweils herrschenden Kontrastes.

9. Die Verhaltensintensität (|Ve|) wird - abgesehen von Dämpfungsfaktoren - primär von der Ausschlagsfähigkeit des Verhaltensapparates(HV) bestimmt.

10. Eine Steigerung des Aufnahmesensibilitätspotentials (HE) führt ebenfalls zu einer Intensivierung des Verhaltens, so daß auch die individuelle Aufnahmesensibilität für die Intensität individueller Reaktionen bedeutsam ist.

11. Wachsende Stimuliintensität steigert die Verhaltensamplitude, d.h. Ausschläge und Wirkungen des Verhaltens. Je stärker die Reize, um so intensiver sind im allgemeinen die Reaktionen.

12. Wachsende innere Spannungen der Individualinstanz steigern ebenfalls die Verhaltensamplitude, führen zu heftigeren Reaktionen.

13. Die Verhaltensamplitude fällt beim Übergang zu In -> 0 stärker ab als beim Übergang St -> 0, d.h. die Verhaltensintensität wird stärker von den Persönlichkeitsspannungen als von der Stimuliintensität beeinflußt.

14. Die Abbildung des Psychischen auf das Verhalten ist ebenfalls eine konforme Abbildung. Das heißt, daß nur bei kleinen Änderungen der Resultante aus Wahrnehmung und Individualinstanz die zugehörige Verhaltensänderung gestaltgleich bzw. ähnlich oder analog ist, keineswegs aber kongruent ist. D.h. kleine Verhaltensänderungen lasen auf kleine psychische Änderungen schließen, während große Änderungen im allgemeinen auf andersartige psychische Faktoren hinweisen.

15. Das Verhalten ist grundsätzlich von der Resultante aus Wahrnehmung und Individualinstanz bestimmt, somit von Umwelt (nicht zu verwechseln mit Umgebung) und Persönlichkeit abhängig.

16. Bei der Abbildung der Resultanten aus Wahrnehmung und Individualinstanz, aber auch schon jener aus Erregungsgestalt und Individualinstanz können Richtungsverschiebungen auftreten, die am Verhalten nicht ablesbar sind. Das schränkt die Möglichkeit ein, dem Verhalten semantische (Bedürfnis-)Aspekte zu entnehmen.

17. Jede Verhaltenserscheinung ist vieldeutig hinsichtlich dessen, was sie über die Besonderheit der Individualinstanz aussagt.

17a. Erst die Analyse des Verhaltens unter verschiedenen Reizkonfigurationen ermöglicht eine genauere Bestimmung der Faktoren der Individualinstanz

18. Gleichstarke Änderungen des Verhaltens erfordern zu ihrem Zustandekommen um so stärkere Änderungen der Resultante aus Wahrnehmung und Individualinstanz je mehr sich der Ausgangszustand der Ausschlagsfähigkeitsgrenze (H_V) nähert.

19. Dauerhafte Änderungen des Verhaltens eines Menschen treten nur dann auf, wenn eine dauerhafte Änderung der Individualinstanz und/oder der Stimulikonfiguration vorliegt, die nicht mit der objektiven Reizkonfiguration verwechselt werden darf. Dauerhafte Verhaltensänderungen setzen also Persönlichkeitsänderungen und/oder Umweltänderungen voraus.

20. Rückschlüsse aus dem Verhaltensgesamt auf die Beschaffenheit der Individualinstanz, also der individuellen Persönlichkeit, sind nur möglich, soweit ein entsprechendes Modell der Individualinstanz und ihrer Dimensionen sowie der Stimulikonfigurationen vorliegt. Das gilt nur unter den Einschränkungen von Satz 16.

21. Das Verhältnis der Werte von Wahrnehmung und Individualinstanz entscheidet darüber, ob das Verhalten eines Menschen mehr von seiner Persönlichkeit oder der wahrgenommenen Situation bestimmt wird.

22. Jeder physische, psychisch bedingte Vorgang kann die gestaltgleiche Abbildung sein zu

a) einer ihm im Sinne des psychophysischen Parallelismus einfach und direkt zugeordneten Erscheinung(einfache Konformität)

b) einem vom Individuum verfolgten biologischen Zweck und sei dieser auch rudimentär ([rudimentäre] Zweckkonformität)

c)einer von der gestalteten Materie geforderten Gesetzmäßigkeit (unpersönliche Gestaltung)

d)einer bewußten persönlichen Absicht oder Haltung des Ausdrucksträgers, soweit diese der tatsächlichen psychischen Struktur desselben gemäß ist (persönliche Gestaltung aus Wahlverwandtschaft)

e) einer bewußten persönlichen Absicht oder Haltung des Ausdrucksträgers, soweit diese der tatsächlichen psychischen Struktur desselben kompensatorisch überlagert ist (persönliche Gestaltung zu Kompensationszwecken)

f) einer unbewußten persönlichen Absicht oder Haltung des Ausdrucksträgers, soweit diese der tatsächlichen Struktur desselben gemäß ist (Darstellung aus Wahlverwandtschaft)

g) einer unbewußten persönlichen Absicht oder Haltung des Ausdrucksträgers, soweit diese der tatsächlichen psychischen Struktur desselben kompensatorisch überlagert ist (Darstellung zu Kompensationszwecken)

h) einer vitalräumlichen Einbettung von biologisch-zweckgerichteten psychischen Vorgängen (Vitalraum)

i) einer von Erziehung und Umwelt beeinflußten Abbildung vorgestellter Umweltsituationen des Ausdrucksträgers (Vorstellungsraum)

Die Analyse der Übergangsfunktionen weist zudem darauf hin, daß Rückschlüsse aus dem Verhalten auf die Individualinstanz nur dann möglich sind, wenn ein entsprechend differenziertes und möglichst vollständiges Modell derselben vorhanden ist. Da dieses, wie an anderer Stelle ausgeführt wurde[48], mit Hilfe unseres Alltagswissens und unserer Umgangssprache nicht zu verwirklichen ist, bleiben auch die meisten Kurse zum Erwerb oder zur Verbesserung sog. Menschenkenntnis erfolglos. Nicht nur, daß sie meistens von einer Gestaltidentität der Übergänge ausgehen und demzufolge glauben, mit geringer Symptomdifferenzierung auskommen zu können, sie bauen zudem meistens auf so vereinfachten Persönlichkeitsmodellen auf, daß ihre Aussagen falsch und irreführend werden müssen. Die Teilnehmer an solchen Kursen wundern sich später nur noch, daß die von ihnen beurteilten Menschen ganz anders handeln als erwartet. Gerade dort, wo es um so komplexe Prozesse und Zustände geht, können Simplifizierungen nur zur Fehlschlüssen führen, die sich dann nicht nur für die Beurteiler, sondern ebenso für die Beurteilten negativ auswirken. So etwas beobachten wir heute auch in der komplexeren Sachwelt, sobald es um Atomkraft, regenerative Energien, ökologische Ansätze mit naturbelassenen Wäldern usw. geht.

Zu beachten ist im Zuge der Analyse menschlichen Verhaltens zudem, daß der Informationsgehalt - über alle Verhaltensbereiche addiert - beträchtlich ist. Rein syntaktisch geht man davon aus, daß der Informationsgehalt des Outputs des Menschen bei etwa $3*10^6$ bit/s, also ca. 10^{10} bit/h liegt. Diese Fülle entzieht sich der menschlichen Wahrnehmung, die lediglich bis zu ca. $3{,}6*10^5$ bit/h umfaßt, also etwa ein dreißigtausendstel. Man kann folglich in einem Analysegang auch zeitlich und von der Aufnahmekapazität her nur einen geringen Bruchteil menschlichen Verhaltens erfassen.

Naturgemäß arbeiten wir auch hier wie in der Diagnostik und Beschreibung mit Mittelwerten, was den Anschein erwecken könnte, daß wir es mit streng deterministischen Zuständen und Vorgängen zu tun haben. Dabei haben wir trotz des Hinweises auf schwingungstheoretische Beschreibungsmöglichkeiten die Zeitfunktion und die Veränderungen der Zustände und Vorgänge in der Zeit nicht einbezogen[49]. Durch sie entstehen aber ständige Wechsel der effektiven Werte der Zustandsgrößen der **In**, so daß selbst bei Kenntnis aller Grunddimensionswerte, also der Mittelwerte, eine exakte

[48]vgl. B. Waszkewitz: Psychologie der Persönlichkeit, Stuttgart 2003

[49] schon weil wir dazu rein technisch keine Möglichkeit haben.

Prognose des Verhaltens auch dann nicht möglich wird, wenn die Reizkonfigurationen eindeutig und exakt zu bestimmen sind. Dieses gilt für alle hochkomplexen Systeme, die zu zahlreichen, für ihren Zustand potentiell gefährlichen Schwankungen neigen und damit in gleichgewichtsferne Situationen geraten. Hierbei wird also besonders deutlich, daß wir es mit einem deterministisch-chaotischen System beim Menschen zu tun haben. Was für die Psychologie ohne Rückgriff auf Schwingungsvorgänge greifbar und nicht nur in Umrissen beschreibbar bleibt, sind Mittelwerte. Diese wiederum erwecken leicht den Eindruck einer Konstanz und eines Gleichgewichtszustandes, die in Wirklichkeit nicht bestehen, und das ist dann speziell das Problem von Gutachtern, die Verhaltensprognosen erstellen sollen.

Folgerungen

Die Analyse der Übergänge lehrt uns, daß wir gewissermaßen zwei Träger des Geschehens vor uns haben, das Physische als Umgebungsgeschehen und als Empfangssystem sowie als dessen besonderen Teil das nervöse und das hormonale System. Dabei zeichnet das nervöse System sich dadurch aus, daß in ihm Erregungen mit qualitativen und quantitativen Merkmalen vorhanden sind und sich bilden, die wir als Signale und Signalmuster bezeichnen können. Diese gewinnen im Input einerseits Bedeutung für die Physis und Auslösung physischer Reaktionen, andererseits für die menschliche Psyche Bedeutungen, die wir als individuelle Wahrnehmungen bezeichnen. Deren Bearbeitung führt erneut zu Signalmustern im nervösen System, die in die Aktionszentren - physische Steuerungsarreale - ausstrahlen und von dort auf motorischen Bahnen zu Reaktionen des zum Handlungssystem werdenden Empfangssystems in der Umgebung führen. Das sind - abgesehen von den in beiden wirkenden Signalmustern - zwei Ebenen, eine physische (physikalisch-chemisch-körperliche), eine humane oder individuelle, in die die vom Physischen getragenen und übertragenen Strukturen fallweise ausstrahlen. Beide sind in komplizierter Weise miteinander verbunden, aber weder identisch noch auseinander ableitbar, wohl aber über Rückkopplungen über eine teilweise gemeinsame Steuerungszentrale aneinandergekettet. Welchem Teilsystem die Steuerungsimpulse dienen, dürfte einmal davon abhängen, welche Signalmuster auftreten, aber auch davon, in welche Arreale diese gesandt werden. Und abei mag es durchaus welche geben, die sowohl im physischen als auch im psychischen System entschlüsselt werden, vielleicht nicht immer gleichlautend, als auch solche, die jeweils nur in einem der beiden decodiert werden können.

So haben wir es mehrfach mit komplementären Phänomenen zwischen Physis und Psyche zu tun, die die Möglichkeiten bieten, Psychisches über Physisches und dessen Beeinflussung zu verändern und umgekehrt, was insbesondere sowohl im pädagogischen als auch im therapeutischen Bereich vielfältige Möglichkeiten bietet.

Das Psychische Teilystem

Grundlagen

Auf den Denkkategorien - wie oben dargelegt - aufbauend, läßt sich eine Beschreibung des psychischen Systems erstellen:

Elemente	Aspekt	Komponenten
Pp Primitivperson α- natürliche Emotionalität β- impulsive Triebhaftigkeit γ-motorische Störungen δ-Affektarmut	Sigmatik (Cy)	**nul- lebenspraktisches Wissen** α-lebensnahe Inhalte β-lebensnaher Hintergrund γ- vitale Wahnvorstellungen δ- verdrängte Vitalinhalte
	Semantik (My)	**l- vitale Bedürfnisse** α- angemessene β- infantile-übersteigerte γ- suchthafte δ- Welt ohne Aufforderung
	Syntaktik (Ty)	**vl- lineare Vorstellfähigkeit**
	Pragmatik (Dy)	**z-Zyklothymie** α- unmittelbar β- überschwenglich γ- hyperkinetisch δ- impulslos
Rp Rationalperson α- Vernünftigkeit β- Vernünftelei γ- Desorientierung δ- Verwahrlosung	Sigmatik	**gei- geistiges Wissen** α- gedankliche Inhalte β- gedankliche Hintergründe γ- utopische Wahninhalte δ- geistige Verdrängungen
	Semantik	**g- geistige Bedürfnisse** α- erkenntnistheoretische β- spekulative γ- paranoide δ- geistfremde, -feindliche
	Syntaktik	**dk- Denkkanaltrennung**

	Pragmatik	**s- Schizothymie** α- diszipliniert, überlegt β- schematisch, eingeengt γ- verwirrt, weltfremd δ- steuerlos, abhängig
Up Umweltperson α- Weltzuwendung β- Darstellung γ- Hysterie δ- Umweltängste	Sigmatik	**pub- weltliches Wissen** α- gesellschaftliche Inhalte β- weltliche Hintergründe γ- weltliche Wahnideen δ- weltliche Verdrängungen
	Semantik	**w- weltliche Bedürfnisse** α- Öffentlichkeit β- Prestige γ- Beachtungssucht δ- Öffentlichkeitsangst
	Syntaktik	**ff- Fingergeschick**
	Pragmatik	**e- Extraversion** α- kontaktaktiv β- ansprüchig γ- narzißtisch δ- kontaktgehemmt
Üp Überichperson α- Innenorientierung β- Egozentrizität γ- ideologische Zwänge δ– Opportunismus	Sigmatik	**wel – Ideologiewissen** α- weltanschauliche Inhalte β- weltanschauliche Hintergründe γ- ideologische Wahnideen δ- ideologische Verdrängungen
	Semantik	**t- taxonomische Bedürfnisse** α- weltanschauliche Bindung β- weltanschauliche Fixierung γ- Ideologiewahn δ- neutralistische Gehemmtheit
	Syntaktik	**we- Willensenergie**
	Pragmatik	**j- Intraversion** α- reservier β- isoliert γ- Flucht-,Totstellreflexe δ- zudringlich

Kp Kulturperson α- Idealismus β- Schwärmerei γ- Phobische Zwänge δ- Indolenz	Sigmatik	**kus- Sozialwissen** α- kulturelle Inhalte β- kulturelle Hintergründe γ- verschrobene kulturelle Inhalte δ- kulturelle Verdrängungen
	Semantik	**u- universale Bedürfnisse** α- Kulturbedürfnisse β- zweckferne Bedürfnisse γ- A-Funktionalismus δ- Kulturängste
	Syntaktik	**vp- planare Formvorstellung**
	Pragmatik	**v- Versatilität** α- agil, sprühend β- unruhig, unstet γ- ekstatisch δ– gehemmt, träge
Bp Beziehungsperson α- Humanität β- Sentimentalität γ- pranoide Projektion δ- Humanitätsängste	Sigmatik	**ige- Humanwissen** α- menschliche Inhalte β- menschliche Hintergründe γ- Sendungswahnformen δ- humane Verdrängungen, Tabus
	Semantik	**x- Individuationsbedürfnisse** α- Selbstverwirklichungsbedürfnis β- Absonderungsbedürfnisse γ- Ichwahn δ- Ichzweifel
	Syntaktik	**dp- Denkplastizität**
	Pragmatik	h- Conjunktivität α- gefühlstief β- romantisch γ- ichhafte Gefühle δ- bindungsgehemmt
Gp Gestaltungsperson α-Gestaltungsaktivität β- Machertum γ- Bewältigungswahn δ-Gestaltungsgehemmtheiten	Sigmatik	**maf- Machtwissen** α-Führungs-, Gestaltungsinhalte β- Gestaltungshintergründe γ- Bewältigungswahnideen δ- Machtverdrängungen

	Semantik	**b- Bewältigungsbedürfnis** α-Führungs-, Gestaltungsstreben β- Unterdrückungsstreben γ- Zerstörungssucht δ- Gestaltungsängste
	Syntaktik	**fh- Handgeschick**
	Pragmatik	a- Aktivität α- angreifend, durchsetzend β- aggressiv-heftig γ- rücksichtslos-streitsüchtig δ- aggressionsgehemmt
Sp Sozialperson α- Hingabe β- Nachgiebigkeit γ- Funktionalschwäche δ- Sozialängste	Sigmatik	**men- Anpassungswissen** α- soziale Inhalte β- soziale Hintergründe γ- Sozialutopien δ- Soziale Verdrängungen
	Semantik	**c- caritative Bedürfnisse** α- Beteiligungsdrang β- Fürsorgedrang γ- Betreuungssucht δ- Sozialängste
	Syntaktik	**wm- Willensmobilität**
	Pragmatik	**p- Pathik** α- empfänglich β- beeinflußbar γ- haltlos δ- hingabegehemmt
Ep Einstellungsperson α- Sicherheit β- Unbedenklichkeit γ- Größenwahn δ- Minderwertigkeitsgefühle	Sigmatik	**wek- Werkwissen** α- Qualitätsinhalte β- Qualitätshintergründe γ- Qualitätswahnvorstellungen δ- Qualitätenverdrängungen
	Semantik	**q- Qualitätsbedürfnisse** α- Qualitäts-, ästhetisches Streben β- Effektstreben γ- verschrobenes Effektstreben δ- Nivellierungsstreben

	Syntaktik	**vk-kubische Vorstellung**
	Pragmatik	**m- Sanguinik** α- optimistisch β- leichtfertig γ- manisch δ- verängstigt
Op Ordnungsperson α- Abwägen β- Pedanterie γ- Wahrnehmungsstörungen δ- Chaotismus	Sigmatik	**fos- Formalwissen** α- Ordnungsinhalte β- Ordnungshintergründe γ- verschrobene Ornungsformen δ- verdrängte Ordnungsformen
	Semantik	**o- Ordnungsbedürfnisse** α- Systematisierungsdrang β- Schematisierungsdrang γ- Ordnungszwänge δ- Ordnungsängste
	Syntaktik	**de-Denkelastizität**
	Pragmatik	**d-Melancholie,** α- ernst, tiefsinnig β- verdrossen, mißmutig γ- depressiv-leer δ- getrieben-flüchtig
Fp Fortschrittsperson α- Expansivität β- Veränderungsdrang γ- Veränderungssucht δ- Fremdheitsängste	Sigmatik	**fot- Zukunftswissen** α- Zukunftsinhalte β- Zukunftshintergründe γ- utopistische Wahninhalte δ- Zukunftsverdrängungen
	Semantik	**f- Bedürfnisse der Ferne** α- Bedürfnis nach Unbekanntem β- Abwechslungssuche γ- Abenteuersucht δ- Veränderungsängste
	Syntaktik	**fk- Bewegungskoordination**

	Pragmatik	**k- Kaptation** α- schwungvoll β- hektisch-cholerisch γ- eruptiv δ- kaptativ gehemmt
Tp Traditionsperson α- Bewahrung β- Verfestigung γ- Retardation δ- Wurzellosigkeit	Sigmatik	**bog- Sicherheitswissen** α- ökonomisch-traditionelle Inhalte β- Sicherheitshintergründe γ- lokale Wahnvorstellungen δ- Sicherheitsinhaltsverdrängungen
	Semantik	**n-Bedürfnisse der Nähe** α- Vertrautheitssuche β- Absolutheitssuche γ- Stabilitätssucht δ- Ängste vor dem Üblichen
	Syntaktik	**wk- Willenskonstanz**
	Pragmatik	**r- Retention** α- unbeirrbar β- stur-phlegmatisch γ- negativistisch δ- retentiv gehemmt

Entscheidend sind dabei die Buchstaben als bestimmender Code für die Elemente und Komponenten sowie deren Zustände, die sprachlichen Bezeichnungen sind eine Kurzinterpretation der Codezeichen in die allgemeine und Fachsprache, allerdings eine sehr knappe, die evtl. zu einer zu engen Auslegung der Codes führt, weshalb nachfolgend dazu weitere Erläuterungen stehen.

Erläuterungen

Eine feinere Umschreibung der Codebedeutungen liefert die folgende Übersicht, wenn sie auch keine Definitionen im üblichen Sinne aufweist, was wegen der Beschränktheit unserer Sprache auch kaum möglich sein wird, speziell nicht in der Sprache einer pluralistischen Gesellschaft.

Bezeichnung	Pp- Primitivperson [50]
γPp	**atavistische Grenzform** *Motor Disturbances* motorische Störungen, bizarre Haltungen, wiederholte eigenartige und manierierte Gesichts- und Körperbewegungen, Hyperkinese; Primitivismen, Echopraxien, pervertierte Genußsucht, Zurück-zur-Natur- Wahn
δPp	**gehemmte Grenzform** *emotionale Gehemmtheit*:: Welt hat keinen Aufforderungscharakter, natürliche und unmittelbare Reaktionen sind nicht möglich, Starre, Leere, Impulslosigkeit, Affektarmut, ängstliche Genußunfähigkeit, die Welt verliert für das Subjekt den Aufforderungscharakter zum Handeln und vor allem zum aktiven Erleben, zu affektiver Assimilation; es bilden sich Starre, Leere, Impulslosigkeit und Affektarmut, wobei körperliche, organische, sensuale und vitale Genußwünsche nicht entfaltet werden; das führt zu Desinteresse am lebendigen und sinnlichen Geschehen und zur Ausbildung von Genußunfähigkeit im Vitalen aus Angst.
βPp	**infantile Form,** *Triebhaftigkeit*, Kreatürlichkeit des Erlebens, kindliche Unmittelbarkeit, Genießernaturell, Eindrucksabhängigkeit des Erlebens, Impulsivität, Augenblicksabhängigkeit, übertriebene Genußwünsche,
αPp	**reife Form** *Emotionalität*, Natürlichkeit und Unmittelbarkeit des Erlebens, aus dem Es heraus erleben, Anschauungsnähe, Alltagsnähe, Genußfähigkeit, Zyklothymie, Seele, physiologische und vitale Bedürfnisse, praktische Ausrichtung, Augenmaß,
γz	**intentionale Turbulenz** hyperkinetisches und primitives Verhalten, evtl. verbunden mit Echopraxien, groteske und bizarre Motorik
δz	**intentionale Gehemmtheit** die Welt verliert für das Subjekt den Aufforderungscharakter zum Handeln und vor allem zum aktiven Erleben, zu affektiver Assimilation; es bilden sich Starre, Leere, Impulslosigkeit und Affektarmut
βz	**impulsiv**, überschwengliche und augenblicksabhängige Reaktionsweise
αz	**natürlich**, unmittelbar, initiativ, emotional, ursprünglich
γl	**vitale Turbulenz** verschrobene, pervertierte Genußwünsche, Suchtformen des Genusses
δl	**vitale Gehemmtheit** bei der körperliche, organische, sensuale und vitale Genußwünsche nicht entfaltet werden; das führt zu Desinteresse am lebendigen und sinnlichen Geschehen und zur Ausbildung von Genußunfähigkeit im Vitalen aus Angst.
βl	**Genußhaftigkeit**, Genußstreben, übersteigerte vitale Neigungen
αl	**natürliche und angepaßte vitale und physiologische Neigungen** und Strebungen
vl	**lineare** Vorstellfähigkeit, Augenmaß, lineare Vorstellbegabung
γnul	**vitale Wahnvorstellungen**, Zurück-zur-Natur-Wahn
δnul	**verdrängte vitale,** physiologische sinnenhafte Inhalte

[50] zu den atavistischen Grenzformen sei auf Lorr verwiesen, Stichwort Psychose in Arnold/Eysenck/Meili: Lexikon der Psychologie, Freiburg 1987

βnul	**vertiefte bis magische vitale**, lebensnahe Inhalte, physiognomisches Hintergrundwissen im Organischen
αnul	**lebenspraktische Einzelkenntnisse** und –erfahrungen, Lebens- und Naturwissen
Bezeichnung	**Rp- Rationalperson**
γRp	**atavistische Grenzform**, *Disorientation*, Desorientierung, funktionale Desorientierung hinsichtlich Zeit und Ort, es kann zur Unfähigkeit kommen, Menschen wiederzuerkennen, die der Patient kennen müßte, traumhaftes und nebelhaftes Erleben, Verwirrtheitszustände, paranoide Neugier, Gefühl durch das Schweigen anderer ausgeschlossen zu werden, esoterische Wahnvorstellungen,
δRp	**gehemmte Grenzform**, *rationale Gehemmtheit*: es fehlt an Steuerung der Abläufe und damit der Bezug zu Ordnungen und Regeln, es fehlt aber auch das Leiden daran, Züge neurotischer Verwahrlosung treten hervor, Irrationalität, Unvernunft, indirekte Augenblicksabhängigkeit, Uninteressiertheit, Angst vor eigener Neugier, die vernunftbestimmte Ichsteuerung wird nicht herausgebildet; es bilden sich Steuer- und Disziplinlosigkeit, Unvernunft und die sog. Neurotische Verwahrlosung.
βRp	**infantile Form**, *Vernünftelei*, Neigung zu Schematismus und eingeengtem Formalismus, Züge von Schablonenhaftigkeit, Enge, Intellektualismus, irrationale Weltfremdheit,
αRp	**reife Form**, *Vernünftigkeit*, Überlegung, Selbstdisziplin, Steuerung und kritische Haltung, Geist, noetischer Oberbau, Ichperson, intellektuelle, rationale Bedürfnisse, theoretische Ausrichtung, Unterscheidungsschärfe,
γs	**Ichturbulenz**, herabgesetztes Realitätsbewußtsein, traumhaftes und nebelhaftes Erleben, Verwirrtheitszustände
δs	**Ichgehemmtheit**, die vernunftbestimmte Ichsteuerung wird nicht herausgebildet; es bilden sich Steuer- und Disziplinlosigkeit, indirekte Augenblicksabhängigkeit, Unvernunft und die sog. neurotische Verwahrlosung
βs	**Verregelung**, Schablonisierung, Einengung, Schematismus, Drillformen
αs	**Rationalität**, Überlegung, planvoll, kritisch, diszipliniert, gesteuert
γg	**mentale Turbulenz**, paranoide Neugier, verschrobener Informationsdrang, der Kranke fühlt sich durch das Schweigen anderer ausgeschlossen und hat das Gefühl, die anderen ließen ihn auflaufen
δg	**mentale Gehemmtheit**, bei der die Ausbildung geistiger Bedürfnisse und Interessen verhindert wurde; es fehlt an Informationsdrang und natürlicher Neugier, es entsteht eine gedankliche Uninteressiertheit
βg	**weltfremde Neigungen**, spekulative, intellektualistische Neigungen,
αg	**theoretische Neigungen**, ideelle, geisteswissenschaftliche Neigungen
dk	**geistige Unterscheidung**, analytisches Denken, geistige Kanaltrennung
γgei	**mentale Wahnvorstellungen**, idealistische, weltferne, esoterische Wahn- und Zwangsideen
δgei	**verdrängte Gedanklichkeit**, ohne Ideale und theoretische Hintergründe, verdrängte theoretische Erkenntnisse
βgei	**vertieftes, idealistisches geistiges** Rüstzeug, esoterisch gefärbte Hintergrundinhalte

αgei	**geistige und gedankliche Einzelinhalte**, Ideen-Vielwissen, vielfältige theoretische Kenntnisse
Bezeichnung	**Up- Umweltperson**
γUp	**atavistische Grenzform** *Excitement* Erregungszustand mit beschleunigter Sprache, laut, schwer zu unterbrechen, erhöhte Stimmungslage und Selbstwertschätzung, ungezügelter und schauspielerischer Ausdruck, hysterische Reaktionen, Selbstbespiegelungen, narzißtische Reaktionen, exhibitionistische Zwänge,
δUp	**gehemmte Grenzform** *Zuwendungsgehemmtheit:* Umweltangst, Scheu, Kontakthemmungen in dinglicher und menschlicher Hinsicht, Öffentlichkeitsscheu, Aussteigermentalität, Anspruchsängste, es bildet sich keine aktive Zuwendung zur Welt und Umwelt heraus; Isolierungstrends, Kontaktscheu und Kontakthemmungen werden deutlich. Bedürfnisse der Weltzuwendung und der erlebenden Teilnahme der Welt konnten nicht entfaltet werden; ängstliches Desinteresse gegenüber Öffentlichkeit, Gesellschaft und Welt, Anspruchsängste, Öffentlichkeitsscheu und Aussteigertendenzen sind die Folge.
βUp	**infantile Form,** *Darstellungsdrang* Prestige- und Statusdrang, will auf sich aufmerksam machen und dadurch Beziehungen zur Umwelt gewinnen, Geltungsdrang,
αUp	**reife Form** *Weltzuwendung* extravertiertes Verhalten, sucht Gesellschaft und Öffentlichkeit, wendet sich der Welt zu, Aufgeschlossenheit, Geselligkeitsbedürfnisse, Selbstschätzungsbedürfnisse, Feingeschick
γe	**Extraversive Turbul*enz*** Selbstbespiegelungen, narzißtische, hysterische Reaktionen, selbstbezogene Umweltassimilation
δe	**Extraversive Gehemmtheit** es bildet sich keine aktive Zuwendung zur Welt und Umwelt heraus; Isolierungstrends, Kontaktscheu und Kontakthemmungen.
βe	**Auffälligkeit**, darstellerisch, aufgeblasen,
αe	**Außenwendung,** Außenorientierung, Kontaktoffenheit
γw	**Publikumsturbulenz,** verschrobene Welt. und Öffentlichkeitssucht, hysterische Selbstdarstellungssucht, exhibitionistische Zwänge
δw	**Welt- und Publikumsgehemmtheit** ,Bedürfnisse der Weltzuwendung und der erlebenden Teilnahme der Welt konnten nicht entfaltet werden; ängstliches Desinteresse gegenüber Öffentlichkeit, Gesellschaft und Welt, Anspruchsängste, Öffentlichkeitsscheu und Aussteigertendenzen sind die Folge.
βw	**Suche nach Ansehen,** Prestigeverlangen, Statusdrang
αw	**Öffentlichkeitszuwendung,** gesellschaftliche und gesellige Neigungen
ff	manuelles Fein- und Fingergeschick
γpub	**weltlich orientierte Wahnvorstellungen** zur eigenen Bedeutung
δpub	**Verdrängung weltlicher Realitäten**, Weltfluchtideen, Angst vor vielen Menschen und weiten Räumen
βpub	**gesellschaftliche,** weltliche u. öffentliche Hintergrundsinhalte evtl. magischer Art
αpub	**vielerlei gesellschaftliche** Einzelinhalte und Kenntnisse
Bezeichnung	Üp- Überichperson

γÜp	**atavistische Grenzform** *,Anxious Depression* ängstliche Verstimmung, von unbestimmter Angst, aber auch bestimmten Sorgen wird berichtet, die Stimmung ist dysphorisch bei gleichzeitigen Selbsterniedrigungstendenzen, zusätzlich sind Schuldgefühle und Gewissensbisse über wirkliche oder eingebildete Verfehlungen zu beobachten, Verfolgungsängste, inadäquate Fluchtreaktionen, totstellreflexartige Mechanismen, Unheimlichkeitsaffekte, ideologische Zwänge und Verabsolutierungen, Gerechtigkeitszwänge, religiöses Eiferertum,
δÜp	**gehemmte Grenzform,** *integrative Gehemmtheit*: Verlust der inneren Orientierung, fehlende Werthaltungen und Distanz, Abhängigkeit von Außenlenkung, fehlende Fluchtdistanz, Angst vor dem Alleinsein, rücksichtslose Aufdringlichkeit, Neutralismus, Relativismus, Opportunismus, areligiös, amoralisch, es entwickelt sich keine Fluchtdistanz, die Orientierung aus sich heraus bleibt verschlossen; es bilden sich rücksichtslose Aufdringlichkeit und Angst vor dem Alleinsein, die Welt wird affektiv nicht integriert.
βÜp	**infantile Form,** *Egozentrizität* bezieht alles auf sich, übertriebene Schamgefühle und Gewissensreaktionen, Unfreiheit, Isolierung, Abkapselung, übermäßige Verschlossenheit, orthodoxe und fanatische ideologische Haltungen,
αÜp	**reife Form** *Innenlenkung* orientiert sich an inneren Wertvorstellungen, wahrt Abstand und Distanz, Intraversion, Streben nach Werten, ideologische Bedürfnisse (u.a. religiöse Bedürfnisse, ethische Vernünftigkeit), Bewußtheitsklarheit,
γi	**Intraversive Turbulenz,** Verfolgungsängste, inadäquate Fluchtreaktionen, totstellreflexartige Mechanismen, Unheimlichkeitsaffekte
δi	**Intraversive Gehemmtheit,** es entwickelt sich keine Fluchtdistanz, die Orientierung aus sich heraus bleibt verschlossen; es bilden sich rücksichtslose Aufdringlichkeit und Angst vor dem Alleinsein, die Welt wird affektiv nicht integriert
βi	**Isolation,** Verbergen, Verstecken, unfrei, befangen
αi	**Zurückhaltung,** Verhaltenheit, Distanzierung, Reserve
γt	**Taxonomische Turbulenz,** verschrobene, irreale Wertbedürfnisse, ideologische Zwänge und Verabsolutierungen, Gerechtigkeitszwänge, religiöses Eiferertum
δt	**Taxonomische Gehemmtheit,** das Wertstreben wurde nicht ausgebildet; Angst vor der Entwicklung eigener bzw. Übernahme fremder Wertsysteme und Bewertungen führt zu Neutralismus, Relativismus, Areligiosität, Amoralität und Opportunismus.
βt	**Orthodoxie,** ideologische Engstirnigkeit, ideologistisch, frömmelnd, illiberal
αt	**ethisch,** weltanschaulich festgelegt und gebunden, Werthaltung,
we	**Entschlossenheit,** Bewußtheitsklarheit, Deutlichkeit
γwel	**taxonomische Wahnvorstellungen,** religiöse, ideologische, weltanschauliche Wahnvorstellungen, verschrobene Wertmaßstäbe
δwel	**gehemmte ideologische Inhalte,** Neutralismus, Amoralität als Folge verdrängter ethischer und ideologischer Inhalte
βwel	**fundierte, evtl. magische ideologische Konzeptionen,** weltanschauliches utopisches Hintergrundwissen,
αwel	**ideologisches Einzelwissen,** vielerlei weltanschauliche Kenntnisse und Erfahrungen
Bezeichnung	Kp- Kulturperson

γKp	**atavistische Grenzform,** *Obsessional Phobic* phobischer Zwang mit unkontrollierbaren Handlungen und Ritualen, wiederkehrende ungewollte Ideen, bestimmte Ängste und Ideen über Persönlichkeitsveränderungen und Irreales, halluzinäre, rauschhafte Zustände, kultureller Sendungswahn, Kulturaposteltum, Maschinenstürmerei,
δKp	**gehemmte Grenzform,** *Gefühlsreaktionsgehemmtheit:* Verlust der Mitte, Funktionalismus, Angst vor Kultur und lebhaften Gefühlen, Gefühlsindolenz und –trägheit, nicht zu begeistern, Unfähigkeit vorhandene Bindungen zu lösen, gefühlshaftes Kleben, interesselos gegenüber Sprache, Kultur etc., Zweckfunktionalismus, geht mit einem Verlust der gefühlsmäßigen Äußerungsfähigkeit als Basis der inneren Assimilation sozialer Verbindungen einher, so daß sich keine Begeisterungsfähigkeit bilden kann; diese Menschen können sich innerlich nicht auf neue Menschen einstellen und auf sie zugehen, sind unfähig vorhandene Bindungen zu lösen und gegen neue einzutauschen. Es sind Gefühlsindolenz und –trägheit zu verzeichnen.
βKp	**infantile Form,** *Schwärmerei* übersteigerte, unstete Gefühlsäußerungen mit ekstatischen und illusionären Zügen, Ästhetizismus, zweckentfremdete Schöngeistigkeit, Antifunktionalismus,
αKp	**reife Form,** *Idealismus* kulturelle Orientierung, Lebhaftigkeit der sozialen, kulturellen und sprachlichen Äußerungen, Äußerungsleichtigkeit, Gefühlslebhaftigkeit, Wachsamkeit, kulturelle Bedürfnisse, schöngeistige Bedürfnisse, Formensinn
γv	**Versatile Turbulenz,** halluzinäre Zustände, illusionäre, rauschhafte Schwärmereien
δv	**Versatile Gehemmtheit,** geht mit einem Verlust der gefühlsmäßigen Äußerungsfähigkeit als Basis der inneren Assimilation sozialer Verbindungen einher, so daß sich keine Begeisterungsfähigkeit bilden kann; diese Menschen können sich innerlich nicht auf neue Menschen einstellen und auf sie zugehen, sind unfähig vorhandene Bindungen zu lösen und gegen neue einzutauschen. Es sind Gefühlsindolenz und -trägheit zu verzeichnen
βv	**Erregbarkeit,** Geschwätzigkeit, Schwärmerei, ekstatische Reaktionen
αv	**Äußerungsleichtigkeit,** agil, sprühend, lebhaft, begeistert
γu	**Universale Turbulenz,** verschrobener Kulturfanatismus, kultureller Sendungswahn, Bilderstürmerei, Maschinenstürmerei, Kulturaposteltum, Kultur-Erneuerer
δu	**Universale, kulturelle Gehemmtheit,** führt dazu, daß sich kein Interesse an Kultur, Sprache und Werden der Gesellschaft herauszubilden vermag, so daß häufig Zweckfanatismus, Kulturabwehr und Überbetonen des Zivilisatorisch-Funktionellen erscheinen.
βu	**Schöngeistigkeit,** Kulturschwärmerei, Antifunktionalismus
αu	**Kulturgebundenheit,** Idealismus, historische Neigungen
vp	**Formvorstellvermögen,** Formensinn
γkus	**Universalwahnideen,** verschrobene kulturelle, historische Inhalte, Sprachverschrobenheiten
δkus	**reine Zweckinhalte** infolge von Kulturabwehr und Verdrängungen kultureller und sprachlicher Inhalte; Kulturbanausentum
βkus	**umfassendes, tiefgründiges Kulturwissen,** fundierte Kenntnisse und Erfahrungen in historischer, sprachlicher und kultureller Hinsicht vielfach nur begrenzt real
αkus	**kulturelle Einzelkenntnisse und –erfahrungen,** vielfältige sprachliche Möglichkeiten
Bezeichnung	Bp- Beziehungsperson

γBp	**atavistische Grenzform,** *Paranoid Projection* Verfolgungswahn mit ungerechtfertigten fixen Ideen, die Personen aus der Umgebung des Individuums aggressive, verfolgerische und kontrollierende Absichten zuschreiben, verschrobene, auf die eigene Person gerichtete Bindungen, Hundeheimweh, persönlicher Sendungswahn, dabei sich von anderen verfolgt fühlen,
δBp	**gehemmte Grenzform,** *Humanitätsängste:* Angst vor dem Menschlichen, vor Partnerschaften, aber auch der Selbstverwirklichung, Rückzug ins Kollektiv, Züge der Kälte und Unpersönlichkeit, fehlende innere soziale Beziehungen, und Bindungen, Gemütsarmut, betonte Sachlichkeit als Sublimation, führt zur Nichtausbildung der integrierenden sozialen Tiefenfunktion und damit zu einem Fehlen sozialer Bezogenheit und Bindungen, was als Kälte und Gemütsarmut erscheinen kann.
βBp	**infantile Form,** *Sentimentalität* Gefühlchen, Gefühlsduselei, romantische Schwärmerei, Gemütsegoismus, Singularisierung, Ichbetonung,
αBp	**reife Form,** *Humanität* Gefühlstiefe und Bindungsfähigkeit verbunden mit Eigenständigkeit des gefühlsmäßigen Erlebens, Individualität, Gemüt, Bedürfnis nach Selbstbestimmung und Selbstverwirklichung in dem Zusammenleben mit anderen, geistige Einfälle und Adaption,
γh	**Conjunktive Turbulenz,** verschrobene, auf die eigene Person gerichtete Bindungen, etwa auch in Form des krankhaften Hundeheimwehs
δh	**Conjunktive Gehemmtheit,** führt zur Nichtausbildung der integrierenden sozialen Tiefenfunktion und damit zu einem Fehlen sozialer Bezogenheit und Bindungen, was als Kälte und Gemütsarmut erscheinen kann.
βh	**Romantik,** Ichbindung der Gefühle, Gefühlssentimentalität
αh	**Wärme,** Gefühlstiefe, Bindungstiefe, Sensitivität
γx	**Personale Individuationsturbulenz,** verschrobene Selbstverwirklichungswünsche, Icherhebungszwänge, persönlicher Sendungswahn
δx	**Personale Gehemmtheit,** Individuationstendenzen wurden nicht entfaltet; kollektivistische Neigungen aus Angst vor dem Selbstsein sowie überbetonte Sachlichkeit als Negation von Gefühlen als Substitutionserscheinung treten hervor
βx	**Singularisierung,** Vereinzelung, Absonderungsneigungen
αx	**Selbstverwirklichung,** Individuation, Ichverwirklichung in der Gemeinschaft
dp	**Denkplastizität,** Denkadaption, Informationsaufnahme von innen und außen, Einfälle, Kreativität, Phantasie
γige	**Individuationswahn,** größenwahnähnliche Inhalte, Sendungsideen, Ichgottvorstellungen
δige	**Individuationsgehemmtheiten,** Angst vor dem Selbstsein, vor Selbstverwirklichung und ähnlichen Neigungen und Verdrängung entsprechender Inhalte
βige	**fundiert wirkende psychologische Kenntnisse und Erfahrungen,** menschliche (romantisierte) Hintergrundinhalte
αige	**psychologische Einzelkenntnisse und –erfahrungen,** menschliche und gefühlsmäßige Einzelinhalte
Bezeichnung	Gp- Gestaltungsperson

γGp	**atavistische Grenzform,** *Hostile Belligerence* aggressive Streitsucht, bei der Beschwerden über Aggressivität und Ressentiment gegen andere üblich sind, die Schuld an Schwierigkeiten und Versagen anderen gegeben wird, Selbstzerfleischungs- und –zerstörungsreaktionen, verschrobene Macht- und Herrschaftssüchte,
δGp	**gehemmte Grenzform,** *Machtängste:* Gestaltungsgehemmtheiten, Aggressionsgehemmtheiten, Bewältigungsgehemmtheiten, Angst, anderen ins Gehege zu kommen, Angst vor dem Sichdurchsetzen, fehlender sozialer Ehrgeiz aus Angst, Nichtentfaltung aktiven Handelns in sozialen Bezügen, wodurch Selbstdurchsetzung und Angriffslust verlorengehen, es entsteht ständige Angst, anderen ins Gehege zu kommen oder sie zu verletzen.
βGp	**infantile Form,** *Beherrschung* Machtwünsche, Züge von Herrschsucht und Aggressivität, Schärfe der Reaktionen, Hitzigkeit, Machenwollen um jeden Preis,
αGp	**reife Form,** *Gestalten* Aktivität des Gestaltens und Machens, aber auch der Durchsetzung, Führungs- und Lenkungsdrang, Leistungsbedürfnis, manuelles Tun,
γa	**Aggressionsturbulenz,** Aggressivität gegen die eigene Person, Selbstzerfleischungsreaktionen
δa	**Aggressionsgehemmtheit,** Nichtentfaltung aktiven Handelns in sozialen Bezügen, wodurch Selbstdurchsetzung und Angriffslust verlorengehen, es entsteht ständige Angst, anderen ins Gehege zu kommen oder sie zu verletzen.
βa	**Aggressivität,** Heftigkeit, Schärfe der Reaktionen
αa	**Aktivität,** angreifend, durchsetzend,
γb	**Bewältigungsturbulenz** Zerstörungszwänge, verschrobene Macht- und Herrschaftsbedürfnisse ohne Rücksicht auf die eigene Person
δb	**Bewältigungsgehemmtheit** bei der keine gestaltenden und konstruktiven Bedürfnisse entfaltet wurden; es entwickeln sich keinerlei Macht- und Führungsansprüche, kein sozialer Ehrgeiz, männliche und gestaltende Rollen machen Angst und werden daher abgelehnt.
βb	**Überwältigung,** Unterdrückung, Machtstreben
αb	**Gestaltung,** Lenkung, Leitung, Bestimmung, Bewältigung
fh	**Handgeschick,** manuelle Fähigkeiten
γmaf	**Bewältigungswahn,** verschrobene Macht-, Blut-, Zerstörungs- und Terrorinhalte
δmaf	**verdrängte Macht- und Führungswünsche,** unterdrückte und gestaute Gestaltungsvorstellungen, wagt keine Gedanken dahingehend
βmaf	**fundierte Lenkungsinhalte,** Gestaltungs- und Steuerungshintergrundinhalte häufig mit magischen Akzenten
αmaf	**Gestaltungseinzelwissen und –erfahrungen**, Einzelinhalte zu Lenkungs- und Steuerungsthemen
Bezeichnung	Sp- Sozialperson
γSp	**atavistische Grenzform,** *Functional Impairment* Funktionale Schwäche mit Beschwerden über die Unfähigkeit, sich zu konzentrieren, zu arbeiten oder Entscheidungen zu treffen; Interesse an anderen Menschen, am anderen Geschlecht oder gesellschaftlicher Aktivität ist herabgesetzt oder fehlt, Verführbarkeits- und Hingabezwänge; Zwang, Unbrauchbares zu erhalten;

δSp	**gehemmte Grenzform,** *Soziallängste:* Angst vor der Anpassung an soziale Gegebenheiten, Neigung zu unangemessenem Freiheitsdrang, unsensibel, rigide, vertrauenslos in sozialer Hinsicht, Angst vor sozialen Aufgaben, vor Helfen, Hegen und Pflegen, Hingabegehemmtheit, Nichtentfaltung von Beeindruckbarkeit und Sensibilität - besonders im Umgang mit der sozialen Umwelt - , das führt zu Rigidität, Vertrauenslosigkeit, Anpassungsunfähigkeit, Mangel an Lösung und Entspannung.
βSp	**infantile Form,** *Abhängigkeit* Nachgiebigkeit, Beeinflußbarkeit, erdrückende Fürsorge, die keinen echten Halt und keine wirkliche Hilfe gibt, die zur Beherrschung anderer führt, Herrschen durch Schwäche,
αSp	**reife Form,** *Hingabe* soziale Bedürfnisse, Engagement in der Gemeinschaft, Dienstbereitschaft, Anpassung, Beeindruckbarkeit, Hegen und Pflegen, soziale Anpassung, fluktuierende Aufmerksamkeit, Bewußtheitsweite,
γp	**Pathische Turbulenz,** Nachgiebigkeitszwänge, Verführbarkeits- und Hingabezwänge
δp	**Pathische Gehemmtheit,** Hingabegehemmtheit, Nichtentfaltung von Beeindruckbarkeit und Sensibilität – besonders im Umgang mit der sozialen Umwelt - , das führt zu Rigidität, Vertrauenslosigkeit, Anpassungsunfähigkeit, Mangel an Lösung und Entspannung .
βp	**Weichheit,** Nachgiebigkeit, Beeinflußbarkeit, Verführbarkeit
αp	**pathisch,** beeindruckbar, empfänglich, sensibel, hingabefähig
γc	**Soziale Turbulenz** verschrobenes Sozial- und Pflegebedürfnis, der Kranke muß auch dort helfen, wo keine Hilfe gebraucht wird, Unbrauchbares zu retten und zu erhalten, ist er gezwungen
δc	**Soziale Gehemmtheit** bei der keine sozialen und caritativen Bedürfnisse ausgebildet werden; diese Menschen können weder andere Menschen noch Gegenstände hegen und pflegen, geschweige denn Verständnis für sie entwickeln.
βc	**Bemutterungsdrang,** Mitläufertum, übertriebene, evtl. auch erdrückende Fürsorglichkeit
αc	**Beteiligungsdrang,** Anpassungsneigung, Dienstbereitschaft, Helfenwollen, Pflegenwollen, pflegendes Erhalten, Serviceneigungen
wm	**Willensmobilität,** Horizontweite, fluktuierende Aufmerksamkeit, Bewußtheitsweite, Willensreagibilität
γmen	**soziale Wahnvorstellungen,** sozialutopische Inhalte, feministische Wahnideen und Verschrobenheiten, mütterlichkeitsideologische Wahninhalte
δmen	**feminine, soziale Verdrängungen,** Angst vor weiblichen Inhalten, männliche Protestinhalte,
βmen	**fundierte evtl. magische soziale Inhalte,** Dienst-, Service-, Anpassungs-, Pflege- und Wartungshintergrundinhalte
αmen	**Soziale Einzelkenntnisse und –erfahrungen,** Einzelinhalte aus den Bereichen des Dienens, Pflegens und der Wartung
Bezeichnung	Ep- Einstellungsperson

γEp	**atavistische Grenzform,** *Grandiosity* Größenwahn, eine Einstellung der Überlegenheit verbunden mit unberechtigten Gefühlen, über ungewohnte Kräfte zu verfügen; göttliches Sendungsbewußtsein kann ebenfalls beobachtet werden; ideenflüchtige Reaktionen, bei denen alles unabhängig von den Realitäten durch eine rosarote Brille betrachtet wird, Qualitätswahn, Künstlerwahn,
δEp	**gehemmte Grenzform,** *Minderwertigkeitsgefühle:* manische Gehemmtheit, Lebensangst, Depressionen, depressive Verstimmungen, reine Nützlichkeitshaltungen, Quantitätssucht als Kompensation, Frische und Selbstvertrauen werden nicht ausgebildet, womit ein Verlust von Wagemut, Optimismus und Risikobereitschaft ebenso verbunden ist wie Lebensangst, Minderwertigkeitsgefühle und Depressionen.
βEp	**infantile Form,** *Unbedenklichkeit* überhöhte Risikobereitschaft, Mangel an Selbstkritik, Hektik, Leichtfertigkeit, Flüchtigkeit, Tollkühnheit, effekt- und äußerlichkeitsorientiert
αEp	**reife Form,** *Sicherheit* Frische, Heiterkeit, sanguinisch, Selbstvertrauen, Wagemut, ästhetische Bedürfnisse, musische und künstlerische Bedürfnisse, Qualitätssinn, plastische Vorstellung,
γm	**Manische Turbulenz,** unruhige, hektische, ideenflüchtige Reaktionen, bei denen alles unabhängig von Realitäten durch die besonders rosarote Brille betrachtet wird
δm	**Gehemmtheit des Manischen,** Frische und Selbstvertrauen werden nicht ausgebildet, womit ein Verlust von Wagemut, Optimismus und Risikobereitschaft ebenso verbunden ist wie Lebensangst, Minderwertigkeitsgefühle und Depressionen.
βm	**Unbedenklichkeit,** Leichtfertigkeit, Flüchtigkeit, Oberflächlichkeit
αm	**Sicherheit,** Selbstgefühl, Optimismus, Frische, Heiterkeit
γq	**Qualitätenturbulenz,** verschrobene Effektbedürfnisse, Geschmacksverirrungen, Künstlerwahn, Qualitätswahn
δq	**Qualitätengehemmtheit,** es entsteht keine Beziehung zur Qualität und zu Qualitätsunterschieden; es besteht kein Interesse für Qualitäten und deren Wirkungen, für musische und ästhetische Phänomene, es wird aus Angst oft in eine reine Nützlichkeitseinstellung und Quantitätssucht ausgewichen
βq	**Kitsch,** Effektbedürfnisse, Veräußerlichungen,
αq	**ästhetische Bedürfnisse,** Geschmack, Qualitätssinn, musisch, künstlerische Neigungen,
vk	**kubische Vorstellfähigkeit,** räumliches Vorstellvermögen,
γwek	**Qualitätswahnideen,** irreale Gütevorstellungen, verschrobene ästhetische Inhalte, bizarre Inhaltsformen
δwek	**verdrängte Qualitätsinhalte,** amusisch, Quantitätswahn, Kunstbanauseninhalte
βwek	**fundierte häufig magische Qualitätsinhalte,** musische und ästhetische und ästhetisierende Hintergrundwelten
αwek	**vielerlei Qualitätsinhalte,** musische und ästhetische Einzelheitenkenntnisse und –erfahrungen
Bezeichnung	Op- Ordnungsperson

γ0p	**atavistische Grenzform,** *Perceptual Distortions* Wahrnehmungsstörungen, Erlebnisse unechter Wahrnehmungen in Form von Stimmen, die bedrohlich anklagen oder etwas fordern, Beeinträchtigungswahn, Verfolgungsängste, Hoffnungslosigkeit und verschrobene Schuldgefühle, hypochondrische Reaktionen, Kontroll- und Ordnungszwänge,
δ0p	**gehemmte Grenzform,** *Ordnungsängste:* Chaotismus, Angst vor Ordnung, Systematik und Regeln, Mangel an Ernst und Besinnlichkeit, Flachheit, Verantwortungslosigkeit, Nachlässigkeit, Schlamperei, Ernst, natürliche Vorsicht und Besonnenheit werden nicht entfaltet; eine erhebliche Unfähigkeit zum Abwägen, Flachheit, Verantwortungslosigkeit, Leichtsinn und lässige Tollkühnheit werden wirksam.
β0p	**infantile Form,** *Pedanterie* Übervorsicht, Mißtrauen, Verdrossenheit, Mißmut, strenge, fixierte und wenig sinnvolle Ordnungsbildung, Listenführungsdrang, bürokratische Tendenzen und Verhaltensformen,
α0p	**reife Form,** *Abwägen* Besinnlichkeit, Besonnenheit, Systematik, Tiefsinn, Ernst, melancholisch, Ordnungsstreben, Streben nach Gliederung und Systematik, Organisationsdrang, intellektuelle Verknüpfungsvielfalt,
γd	**Depressionsturbulenz,** verschrobene Ängste, Verfolgungsängste, Interessenverlust, Hoffnungslosigkeit und verschrobene Schuldgefühle, hypochondrische Reaktionen
δd	**Gehemmtheit des Depressiven,** Ernst, natürliche Vorsicht und Besonnenheit werden nicht entfaltet; eine erhebliche Unfähigkeit zum Abwägen, Flachheit, Verantwortungslosigkeit, Leichtsinn und lässige Tollkühnheit werden wirksam
βd	**Mißmut,** Verdrossenheit, Unlust, Übervorsicht, Pessimismus
αd	**Ernst,** Verhaltenheit, Abwägen, Besonnenheit, Tiefsinn,
γo	**Ordnungsturbulenz,** Kontroll- und Ordnungszwänge, verschrobene wirklichkeitswidrige Pedanterien
δo	**Ordnungsgehemmtheit,** die einer Ausbildung von Ordnungsbedürfnissen im Wege steht, so daß keinerlei Beziehungen zum Systematischen, zu Organisationen herausgebildet werden; Schlamperei und Chaotismus sind die Folge.
βo	**Schematismus,** Pedanterie, Listenzwang, Schematismus, Regelabhängigkeit, Normzwang
αo	**Ordnungsstreben,** Gliederungsstreben, Systematisierungsstreben, Organisationsdrang
de	**Denkelastizität,** Kombinationsgabe, praktisches Denken, Gedankenverknüpfung, Denkgewandtheit,
γfos	**Ordnungswahn,** verschrobene, realitätsfremde Ordnungs- und Systemformen, bürokratische Zwänge
δfos	**verdrängte Ordnungsinhalte,** chaotische Vorstellungen, desorganisierte und desorganisierende Inhalte, Ängste vor formalen Inhalten
βfos	**fundierte evtl. idealisierte Ordnungs- und Systeminhalte,** Gliederungs- und Formalisierungshintergrundinhalte
αfos	**vielerlei Ordnungskenntnisse und –erfahrungen,** vielerlei einzelne Formalinhalte
Bezeichnung	Fp- Fortschrittsperson

γFp	**atavistische Grenzform,** *Conceptual Disorganisation* Auffassungsstörungen, bei denen die Sprache weitschweifig, unzusammenhängend und ohne Bezug zu gestellten Fragen ist; die gleichen Wörter oder Sätze werden in stereotyper Weise wiederholt, neue Wörter (Neologismen) können erfunden und in die Sprache aufgenommen werden, hyperkinetische Störaktionen, Veränderungssucht, Nichtseßhaftigkeit,
δFp	**gehemmte Grenzform,** *Fremdheitsängste:* Angst etwas zu unternehmen, Zukunftsängste, ängstliche Lahmheit und Mattheit, Furcht vor eigenem Handeln, Angst vor Neuem, Fremdem, Fernem und Unbekanntem. Unternehmerischer Ausgriff, schwungvolle Expansion werden nicht ausgebildet;
βFp	**infantile Form,** *Überschwang* Heftigkeit, Hitzigkeit, Abenteurertum, Betriebsamkeit, Geschäftigkeit, Abwechslungssucht, Neuheitensucht,
αFp	**reife Form,** *Expansivität* Schwung, Unternehmungsgeist, cholerisch, eifrig, dynamisch, Bedürfnisse nach Neuem und Veränderungen, Zukunftsstreben, progressiv, zielsichere motorische Koordination,
γk	**Kaptationsturbulenz,** groteske, situationsunangemessene Impulsivität, hyperkinetische Störaktionen
δk	**Kaptative Gehemmtheit,** unternehmerischer Ausgriff, schwungvolle Expansion werden nicht ausgebildet; Symptome sind ängstliche Lahmheit, Mattheit, Furcht vor eigenem Tun.
βk	**Überschwenglichkeit,** Heftigkeit, Unruhe, Unstetheit, Geschäftigkeit
αk	**Schwung,** Expansionsdrang, Eifer, Unternehmungslust,
γf	**Progressionsturbulenz,** Abenteuersucht, Fortschrittswahn, Veränderungssucht, verschrobenes Fortschrittsbedürfnis, Nichtseßhaftigkeit
δf	**Progressionsgehemmtheit,** Bedürfnisse nach Entdecken, Veränderungen sind nicht ausgebildet; Angst vor dem Fernen, Fremden, Unbekannten, Fortschritt und vor der Zukunft beherrschen die Einstellung, allem Neuen wird ängstlich aus dem Wege gegangen
βf	**Wechselhaftigkeitstrieb,** Abwechslungsdrang, Abenteuersucht, Veränderlichkeitsdrang
αf	**Fortschrittsstreben,** Zukunftsorientierung, Neuheitensuche, Forschungsdrang,
fk	**Bewegungskoordination,** Geschmeidigkeit, Wendigkeit und Harmonie der körperlichen Bewegungsabläufe
γfot	**Progressionswahnphänomene,** utopistische Zukunftsinhalte, irreale zwanghafte Vorstellungen von Fremden und Fernem
δfot	**verdrängte Progressionsinhalte,** verdrängte Zukunftsinhalte, Fremdenphobien, verdrängte Fremdenvorstellungen
βfot	**fundierte evtl. utopische Progressionsinhalte,** Hintergrundsinhalte fremder, zukünftiger und ferner Art.
αfot	**Vielerlei einzelne Progressionsinhalte,** Einzelkenntnisse und –erfahrungen bezüglich zukünftiger Dinge, Phänomene und fremder und ferner Gegebenheiten
Bezeichnung	Tp- Traditionsperson

γTp	**atavistische Grenzform,** *Retardation* Verlangsamung von Sprache und Vorstellung, Verminderung der motorischen Aktivität bis zur Blockierung, Apathie und Desinteresse an der Zukunft kommen hinzu, Stuporerscheinungen, negativistische Haltungen, Katzenheimweh, Zukunftsphobien,
δTp	**gehemmte Grenzform,** *Traditions- und Vertrautheitsängste:* Wurzellosigkeit, Mangel an Standpunkt, haltloses Schwanken, Mangel an Bodenständigkeit, kann nicht nein sagen, Flucht vor Sicherem, Gewohntem und Vertrautem Es entwickelt sich keine Behauptung, Festigkeit und Eigenwillen sowie Beharrungsvermögen werden nicht entfaltet; ängstliche Standpunktschwäche sowie wurzel- und haltloses Schwanken sind die Folge,
βTp	**infantile Form,** *Fixiertheit* Verfertigung, Trotz, Abwehr, Unelastizität, Phlegma, Sturheit, Gewohnheitenverhaftung, Traditionsfixierung, Sicherheit um jeden Preis,
αTp	**reife Form,** *Bewahrung* Festigkeit, Selbstbehauptung, Traditionsgebundenheit, Traditions- und Besitzbedürfnisse, ökonomische Bedürfnisse, Phlegma, Gelassenheit, Beharrung, Beständigkeit, Bewußtheitsschärfe, fixierende Aufmerksamkeit.
γr	**Retentionsturbulenz,** akinetische Reaktionen, Stuporerscheinungen, negativistische Haltung
δr	**Retentive Gehemmtheit,** es entwickelt sich keine Behauptung, Festigkeit und Eigenwillen sowie Beharrungsvermögen werden nicht entfaltet; ängstliche Standpunktschwäche sowie wurzel- und haltloses Schwanken sind die Folge, Neinsagen wird unmöglich.
βr	**Verfestigung,** Trotz, Abwehr, Phlegma, Sturheit, Unelastizität, Monotonie, Gleichförmigkeit
αr	**Festigkeit,** retentiv, stetig, gleichmäßig, ausdauernd, beständig, beharrlich,
γn	**Lokale Turbulenz,** verschrobene Sicherheitsbedürfnisse, Zukunftsphobien, krankhaftes Katzenheimweh, krankhaftes Kleben am Vergangenen
δn	**Lokale Gehemmtheit,** Bedürfnisse nach Erhaltung und Bewahrung des Vorhandenen und Naheliegenden werden nicht ausgebildet; Traditionen, Gewohntes, Übliches werden abgelehnt, da sich Ängste vor dem Sicheren und Vertrauten herausgebildet haben.
βn	**Gewohnheitsmensch,** Absolutheitssuche, traditionsabhängig, vergangenheitsorientiert,
αn	**Sicherheitsstreben,** traditionell, konservativ, ökonomisch, Vertrautheitssuche,
wk	**Willenskonstanz,** Konzentration, fixierende Aufmerksamkeit, Bewußtheitsschärfe und –genauigkeit
γbog	**Lokale Wahnvorstellungen,** verschrobene Traditions- und Selbstverständlichkeiteninhalte, verschrobene Heimats- und Geborgenheitsvorstellungen und –zwänge
δbog	**verdrängte Selbstverständlichkeiten,** verdrängte Traditionsinhalte, Angst vor Gewohnheiten und Verdrängung derselben
βbog	**fundierte evtl. magische Sicherheitsinhalte,** Wissens- und Erfahrungshintergrund für wirtschaftliche, finanzielle, traditionelle und ähnliche Inhalte mehr oder weniger realer Art
αbog	**vielerlei einzelne Sicherheitsinhalte,** Einzelkenntnisse und –erfahrungen auf wirtschaftlichem, finanziellen, traditionellem etc. Gebiet.

Verknüpfungen

Für die Verknüpfungsergebnisse folgt dann mit einer schlagwortartigen sprachlichen Interpretation der Wirkungsbereichscodes:

Komponenten	*Wirkungsbereiche*
im Umgang mit sich selbst	
(z'+iz"): zyklothym - (s'+is"): schizothym	=Ay'+iAy": Allgemeintemperament
(z'+iz"): zyklothym + (s'+is"): schizothym	=2(Ays'+iAys"): Selbstbehauptungstendenzen
(e'+ie"): extraversiv - (j'+ij"): intraversiv	=Uy'+iUy": Lebenstemperament
(e'+ie"): extraversiv + (j'+ij"): intraversiv	=2(Uys'+Uys"): Umgangsweisen
(l'+il"): vitale - (g'+ig"): geistige Bedürfnisse	=Le'+iLe": allgemeine Lebenseinstellung
(l'+il"): vitale + (g'+ig"): geistige Bedürfnisse	=2(Les'+iLes"): Lebensauffassung
(w'+iw"): weltliche - (t'+it"): Wertungsbedürfnisse	=So'+iSo": Sinngehalte
(w'+iw"): weltliche +(t'+it"): Wertungsbedürfnisse	=2(Sos'+iSos'"): Einstellung zur Umwelt
Im Umgang mit der sozialen Welt	
(v'+iv"): versatil - (h'+ih"): conjunctiv	=By'+iBy": Bindungsstil
(v'+iv"): versatil + (h'+ih"): conjunctiv	=2(Bys'+iBys"): Gefühlsstruktur
(a'+ia"): aktiv - (p'+ip"): pathisch	=Gy'+iGy": soziale Beziehungsgestaltung
(a'+ia"): aktiv + (p'+ip"): pathisch	=2(Gys'+iGys"): soziale Handlungsformen
(u'+iu"): universale - (x'+ix"): Humanbedürfnisse	=Sg'+iSg": soziale Einstellung
(u'+iu"): universale + (x'+ix"): Humanbedürfnisse	=2(Sgs'+iSgs"): Lebensformen
(b'+ib"): gestaltende - (c'+ic"): caritative Bedürfnisse	=Ge'+iGe": soziale Wirkungstrends
(b'+ib"):gestaltende + (c'+ic"):caritative Bedürfnisse	=2(Gse'+iGse"): soziale Handlungsstruktur
Im Umgang mit den Dingen und Aufgaben	
(m'+im"): sanguinisch -(d'+id"): melancholisch	=Sy'+iSy'": Haltung
(m'+im"): sanguinisch +(d'+id"): melancholisch	=2(Sys'+iSys"): Reaktionsweisen
(k'+ik"): kaptativ - (r'+ir"): retentiv	=Ey'+iEy": Arbeitsstil
(k'+ik"): kaptativ + (r'+ir"): retentiv	=2(Eys'+iEys"): Arbeitshaltung
(q'+iq"): qualitative - (o'+io)": Ordnungsbedürfnisse	=Wa'+iWa": Wahrnehmungsweise
(q'+iq"):qualitative + (o'+io"):Ordnungsbedürfnisse	=2(Was'+iWas"): Weltbetrachtungsweise
(f'+if"):progressive-(n'+in"):bewahrende Bedürfnisse	=Or'+iOr": Handlungsausrichtung
(f'+if"):progressive+(n'+in"):bewahrende Bedürfnisse	=2(Ors'+iOrs"): Handlungsweisen

Speicherungsbereiche:	
$\alpha_{nul}*(0{,}05+\cos(10\delta_{nul}))+i\,\beta_{nul}*(0{,}5+\sin(10\,\gamma_{nul}))$	nul'+inul": lebenspraktische Inhalte
$\alpha_{gei}*(0{,}05+\cos(10\delta_{gei}))+i\,\beta_{gei}*(0{,}5+\sin(10\,\gamma_{gei}))$	gei'+igei": geistig-theoretische Inhalte
$\alpha_{pub}*(0{,}05+\cos(10\delta_{pub}))+i\,\beta_{pub}*(0{,}5+\sin(10\,\gamma_{pub}))$	pub'+ipub":weltlich-gesellschaftl. Inhalte
$\alpha_{wel}*(0{,}05+\cos(10\delta_{wel}))+i\,\beta_{wel}*(0{,}5+\sin(10\,\gamma_{wel}))$	wel'+iwel": weltanschauliche Inhalte
$\alpha_{kus}*(0{,}05+\cos(10\delta_{kus}))+i\,\beta_{kus}*(0{,}5+\sin(10\,\gamma_{kus}))$	kus'+ikus": kulturell-sprachliche Inhalte
$\alpha_{ige}*(0{,}05+\cos(10\delta_{ige}))+i\,\beta_{ige}*(0{,}5+\sin(10\,\gamma_{ige}))$	ige'+iige": human-psychische Inhalte
$\alpha_{maf}*(0{,}05+\cos(10\delta_{maf}))+i\,\beta_{maf}*(0{,}5+\sin(10\,\gamma_{maf}))$	maf'+imaf": Lenkungs-/Gestaltungsinhalte
$\alpha_{men}*(0{,}05+\cos(10\delta_{men}))+i\,\beta_{men}*(0{,}5+\sin(10\,\gamma_{men}))$	men'+imen": soziale u. Serviceinhalte
$\alpha_{wek}*(0{,}05+\cos(10\delta_{wek}))+i\,\beta_{wek}*(0{,}5+\sin(10\,\gamma_{wek}))$	wek'+iwek": ästhetische, Qualitätsinhalte
$\alpha_{fos}*(0{,}05+\cos(10\delta_{fos}))+i\,\beta_{fos}*(0{,}5+\sin(10\,\gamma_{fos}))$	fos'+ifos": formal-systematische Inhalte
$\alpha_{fot}*(0{,}05+\cos(10\delta_{fot}))+i\,\beta_{fot}*(0{,}5+\sin(10\,\gamma_{fot}))$	fot'+ifot": progressive, expansive Inhalte
$\alpha_{bog}*(0{,}05+\cos(10\delta_{bog}))+i\,\beta_{bog}*(0{,}5+\sin(10\,\gamma_{bog}))$	bog'+ibog": bewahrende, Traditionsinhalte
(nul+gei+pub+wel+kus+ige+maf+men+wek+ fos+fot+bog)/12	Cy'+iCy": Speichermaterial $\lvert Cy\rvert=(Cy'^2+Cy''^2)^{0{,}43}$
Elemente	$()^{0{,}3}$ dient nur der Einhaltung der Skala 1-9
$(\lvert nul\rvert*vl*(z'+iz''+l'+il'')=Pp'+iPp'')^{0{,}3}$	$(\lvert gei\rvert*dk*(s'+is''+g'+ig'')=Rp'+iRp'')^{0{,}3}$
$(\lvert pub\rvert*ff*(e'+ie''+w'+iw'')=Up'+iUp'')^{0{,}3}$	$(\lvert wel\rvert*we*(j'+ij''+t'+it'')=Üp'+iÜp'')^{0{,}3}$
$(\lvert kus\rvert*vp*(v'+iv''+u'+iu'')=Kp'+iKp'')^{0{,}3}$	$(\lvert ige\rvert*dp*(h'+ih''+x'+ix'')=Bp'+iBp'')^{0{,}3}$
$(\lvert maf\rvert*fh*(a'+ia''+b'+ib'')=Gp'+iGp'')^{0{,}3}$	$(\lvert men\rvert*wm*(p'+ip''+c'+ic'')=Sp'+iSp'')^{0{,}3}$
$(\lvert wek\rvert*vp*(m'+im''+q'+iq'')=Ep'+iEp'')^{0{,}3}$	$(\lvert fos\rvert*de*(d'+id''+o'+io'')=Op'+iOp'')^{0{,}3}$
$(\lvert fot\rvert*fk*(k'+ik''+f'+if'')=Fp'+iFp'')^{0{,}3}$	$(\lvert bog\rvert*wk*(r'+ir''+n'+in'')=Tp'+iTp'')^{0{,}3}$
Pp:Primitivperson - Rp: Ichperson	=Sbg'+iSbg": Selbstbestimmung
(Pp:Primitivperson + Rp: Ichperson)/2	=Sbs'+iSbs": Selbstbetrachtung
Up: Umweltperson - Üp: Überichperson	= Säg'+iSäg": Selbstäußerung
(Up: Umweltperson + Üp: Überichperson)/2	= Säs'+iSäs": Weltverhältnis
(Sbg+Säg)/2	= Eg'+iEg": Egoerlebens- und -lebensstil
(Sbs+Säs)/2	= Egs'+iEgs": Egoeinstellung
Kp: Kulturperson - Bp: Beziehungsperson	= Geg'+iGeg": Gemeinschaftsstil
(Kp: Kulturperson + Bp: Beziehungsperson)/2	= Ges'+iGes": Gemeinschaftseinstellung
Gp: Gestaltungsperson - Sp: Sozialperson	= Gbg'+iGbg": Gemeinschaftsbewältigungsstil
(Gp: Gestaltungsperson + Sp: Sozialperson)/2	= Gbs'+iGbs": Gemeinschaftsbewältigungseinstellung

(Geg+Gbg)/2	= Mn'+iMn": sozialer Begegnungsstil
(Ges + Gbs)/2	= Mns'+iMns": soziale Begegnungshaltung
Ep: Einstellungsperson - Op: Ordnungsperson	= Weg'+iWeg": Welterfassungsstil
(Ep: Einstellungsperson + Op: Ordnungsperson)/2	= Wes'+iWes": Welteinstellung
Fp: Fortschrittsperson - Tp: Traditionsperson	= Wbg'+iWbg": Weltbewältigungsstil
(Fp: Fortschrittsperson + Tp: Traditionsperson)/2	= Wbs'+iWbs": Handlungseinstellung
(Weg+Wbg)/2	= Wt'+iWt": Weltbegegnungsstil
(Wes+Wbs)/2	=Wts'+iWts": Weltbegegnungshaltung
(Summe der pragmatischen Komponenten)/12	= Dy'+iDy": mittlere dynamische Struktur
(Dy'/Dy")	= Dyg: dynamische Stabilität
(Summe der semantischen Komponenten)/12	= M'+iM": mittlere Bedürfnisstruktur
(M'/M")	= Myg: Bedürfnisstabilität
(Summe der sigmatischen Komponenten)/12	=Cy'+iCy": mittlere Speicherstruktur
(Eg+Mn+Wt)/3	= IN'+iIN": Gesamterscheinungsbild
(Summe der Elementenwerte)/12	= In'+iln": Grundstruktur
(In'/In")	: Ing: Gosamtstabilität und -reife
Vy. Vorstellpotential	
vl: lineare Vorstellfähigkeit	
vp: planare Vorstellfähigkeit	$Vy=100*e^{(vl*vp*vk/729)-1}$ pkt
vk: kubische Vorstellfähigkeit	
Iy. Denkpotential	
dk: Denkkanaltrennung	
dp: Denkplastizität	$Iy=100*e^{(dk*dp*de/729)-1}$ pkt
de: Denkelastizität	
Fy. Fertigungspotential	
ff: Feingeschick	
fh: Handgeschick	$Fy=100*e^{(ff*fh*fk/729)-1}$ pkt
fk. Bewegungskoordination	
Wy. Bewußtheitspotential	
we: Willensenergie	
wm: Willensmobilität	$Wy=100*e^{(we*wm*wk/729)-1}$ pkt
wk: Willenskonstanz	
Ty. Gesamtbegabungspotential	$Ty = (Vy*Iy*Fy*Wy)^{0,25}$

Gerade die vielfältigen grundständigen Verknüpfungsformen lassen die Komplexität der Steuerungsimpulse erahnen. Darüber hinaus muß man mit einer Reihe von psychophysischen Funktionen rechnen, die als Reaktionsmöglichkeiten und Erworbenes hinzukommen, also gewissermaßen „gemeinsame“ Faktoren der Teilsysteme sind, etwa:

Reaktions- und Auffassungszusatzfaktoren

zu Umweltfakten	Code	Funktionen	Code
optische Feinheit	ssx	Sehschärfe	ss
Helligkeitswechsel	shx	optische Adaptionsfähigkeit	sh
Farben, Farbnuancen	ftx	Farbtüchtigkeit	ft
akustische Energie, Lautstärke	htx	Hörfähigkeit, Hörempfindsamkeit	ht
akustische Differenzierung	hdx	Frequenzdifferenzierung	hd
Geruchsreize, -nuancen	gex	Geruchsempfindsamkeit	ge
Geschmacksreize, - nuancen	gmx	Geschmacksempfindsamkeit	gm
Berührungsreize	tkx	Kitzel-, Streichelempfindsamkeit	tk
Druckreize, -nuancen	tgx	Tastempfindsamkeit	tg
Wärmereize, -nuancen	wnx	Wärmeempfindsamkeit	wn
Kältereize, -nuancen	knx	Kälteempfindsamkeit	kn
Schmerzreize,- nuancen	snx	Schmerzempfindsamkeit	sn
Kraftaufgaben	kkx	aktive Körper- und Muskelkräfte	kk
Haltungsbelastungen	kbx	passive körperliche Robustheit	kb
Bewegungsbelastungen	kwx	phyische Beweglichkeit	kw
Gesundheitsrisiken; Erreger	kgx	Gesundheit, Immunsystemintaktheit	kg
Wirkung auf die Umwelt	iwx	persönliche Ausstrahlung	iw
Umgangsformen, -vorschriften	umx	Benehmen, Manieren	um
Auftretensweise*	aux	Sicherheit und Bestimmtheit	au
Äußeres Erscheinungsbild	sgx	Gepflegtheit, Kleidung usw.	sg
Sprache	awx	Sprachverständnis	aw
Ausdrucksformen	anx	nichtsprachliche Verstehensfähigkeit	an
Sprachverständnis	vfx	sprachliche Ausdrucksweise	vf

Eindruckssensibilität	sfx	nichtsprachliche Ausdrucksweise	sf
Verständigungsniveau	abx	Allgemeinbildung	ab
Verständnisverlangen	blex	Lebenserfahrung	le
Sachgebiet	fnx	Fachwissen in .. auf Niveau	fn
Funktionen	fux	Tätigkeitskönnen in.. auf Niveau ...	fu
Management	fex	Führungserfahrung; Zeit u. Niveau	fe
Bildung, Ausbildung	pex	pädagogische Erfahrung, Zeit, Niveau	pe

Beschreibung

All diese Werte und deren Kombinationen zur Beschreibung eines individuellen psychischen Teilsystems systematisch geordnet aufzuführen, verlangt nach einer besonderen Systematik. Da diese Werte im Einzelfalle nur in einem sehr aufwendigen Verfahren aus vielen Einzelitems zu gewinnen sind, hat es sich bewährt, zur Auswertung Tabellenkalkulationen zu verwenden, die das Gesamtergebnis dann geordnet auswerfen, etwa wie folgt:

	+	+i	| |		+	+i		+	+i	| |						ss	#
z	#	#	#	Ay	#	#	nul	#	#	#	vl	#	Vy	#		sh	#
s	#	#	#	Ays	#	#	gei	#	#	#	dk	#	Iy	#		ft	#
e	#	#	#	Uy	#	#	pub	#	#	#	ff	#	Fy	#		ht	#
i	#	#	#	Uys	#	#	wel	#	#	#	we	#	Wy	#		hd	#
v	#	#	#	By	#	#	kus	#	#	#	vp	#	Ty	#		ge	#
h	#	#	#	Bys	#	#	ige	#	#	#	dp	#				gn	#
a	#	#	#	Gy	#	#	maf	#	#	#	fh	#				tk	#
p	#	#	#	Gys	#	#	men	#	#	#	wm	#				tg	#
m	#	#	#	Sy	#	#	wek	#	#	#	vk	#				wn	#
d	#	#	#	Sys	#	#	fos	#	#	#	de	#				kn	#
k	#	#	#	Ey	#	#	fot	#	#	#	fk	#				sn	#
r	#	#	#	Eys	#	#	bog	#	#	#	wk	#				kk	#
Dy	#	#	#	Dyg	#		Cy	#	#	#						kb	#
l	#	#	#	Le	#	#		γ	δ		γ	δ		γ	δ	kw	#
g	#	#	#	Les	#	#	z	#	#	l	#	#	nul	#	#	kg	#

w	#	#	#	So	#	#	s	#	#	g	#	#	gei	#	#	iw	#
t	#	#	#	Sos	#	#	e	#	#	w	#	#	pub	#	#	um	#
u	#	#	#	Sg	#	#	j	#	#	t	#	#	wel	#	#	au	#
x	#	#	#	Sgs	#	#	v	#	#	u	#	#	kus	#	#	sg	#
b	#	#	#	Ge	#	#	h	#	#	x	#	#	ige	#	#	aw	#
c	#	#	#	Gse	#	#	a	#	#	b	#	#	maf	#	#	an	#
q	#	#	#	Wa	#	#	p	#	#	c	#	#	men	#	#	vf	#
o	#	#	#	Was	#	#	m	#	#	q	#	#	wek	#	#	sf	#
f	#	#	#	Or	#	#	d	#	#	o	#	#	fos	#	#	ab	#
n	#	#	#	Ors	#	#	k	#	#	f	#	#	fot	#	#	le	#
My	#	#	#	Myg	#		r	#	#	n	#	#	bog	#	#	fnA	#
	+	+i	| |		+	+i		+	+i			γ	δ			fuB	#
Pp	#	#	#	Sbg	#	#	Eg	#	#		Pp	#	#			fnC	#
Rp	#	#	#	Sbs	#	#	Egs	#	#		Rp	#	#			fuD	#
Up	#	#	#	Säg	#	#					Up	#	#			fnE	#
Üp	#	#	#	Säs	#	#					Üp	#	#			fuF	#
Kp	#	#	#	Geg	#	#	Mn	#	#		Kp	#	#			fnG	#
Bp	#	#	#	Ges	#	#	Mns	#	#		Bp	#	#			fuH	#
Gp	#	#	#	Gbg	#	#					Gp	#	#			fe	#
Sp	#	#	#	Gbs	#	#					Sp	#	#			pe	#
Ep	#	#	#	Weg	#	#	Wt	#	#		Ep	#	#				
Op	#	#	#	Wes	#	#	Wts	#	#		Op	#	#				
Fp	#	#	#	Wbg	#	#					Fp	#	#				
Tp	#	#	#	Wbs	#	#					Tp	#	#				
In	#	#	#	Ing	#		IN	#	#		Lü	#					

Die # geben dann jeweils die Zahlwerte zu den einzelnen Elementen, Komponenten und Verknüpfungsformen an, so daß ein überschaubares und übersichtliches Bild der Individualinstanz im metasprachlichen Code erhalten wird.

Interpretation

Nur der versierte Fachmann kann dieses Ergebnis der Analyse wirklich lesen und verstehen. Eine Übersetzung in die Sprache ist nur näherungsweise möglich, ist aber zur Interpretation für andere erforderlich, setzt im Interesse der Objektivität jedoch voraus, daß die verwendeten Termini näher beschrieben sind[51] und ein einheitlicher Vergleiche ermöglichender Text verwendet wird. Unter diesen Umständen erscheint der nachstehende Text zusammen mit geeigneten Terminitabellen für die Codewerte zur Interpretation geeignet.

Persönlichkeitsbasisbefund

Name:
Alter:
Vorbildung:
Beruf:
Untersuchungsmaterial:
Prüfverfahren:

Die Komplexität und Vielschichtigkeit der menschlichen Persönlichkeit an sich läßt es nicht zu, sie mit wenigen Angaben zu erfassen und zu charakterisieren. Nicht nur, daß zwischen Wirkung und Strukturen oft große Unterschiede auftreten, auch muß man daran denken, daß in unterschiedlichen Lebensbereichen oft sehr verschiedene Wesenszüge wirksam werden, was in unserer Sprache zu einem Neben- und Nacheinander unterschiedlicher Formen führen muß.

Der erste Eindruck, den man von dieser Persönlichkeit gewinnt, pendelt im allgemeinen zwischen *IN* und *iIN*. Dieser bildet sich auf einer *Ing In* Grundlage verbunden mit *iIn* Zügen bei |*In*| Intensität und *Ty* Begabungen. Den Verlauf des inneren Geschehens bestimmen dabei generell die *Dyg Dy* Tendenzen begleitet von *iDy* Zügen. Die allgemeine Ausrichtung und Einstellung werden von einer *Myg* sowie *My* und zugleich *iMy* Struktur beherrscht.

Auf dieser Basis entwickelt sich eine *Eg* sowie *iEg* Form des Selbst, die von einer *Egs*, dabei *iEgs* Struktur getragen wird. Das führt zu einem *Sbg* aber auch *iSbg* Erlebnisstil auf der Basis einer *Sbs* Erlebnisweise mit *iSbs*

[51] wie etwa in Waszkewitz: Lexikon der Persönlichkeitsmerkmale, Stuttgart 2004

Zügen. Dazu trägt ein *Pp* sowie *iPp* Es bei, das die Impulse liefert, sowie ein *Rp* und *iRp* Ich, das die Übersicht und Lenkung managen soll. Dahinter findet man *z*, aber auch *iz* Emotionalität und mit *s* und *is* Steuerungsfunktionen. Dazu gehören ferner *l* sowie *il* vitale sowie *g* und *ig* geistige Bedürfnisse als richtungsgebende Momente. Damit gelangt dieser Mensch zu einer *Ay* Selbstbehauptung mit *iAy* Zügen und einem *Ays* und *iAys* Verhaltensstil, wenn es um die Behauptung der eigenen Person und ihrer Erlebnisweise geht. Die Ausrichtung dieser Kräfte und Abläufe wird dabei von einer *Le*, aber auch *iLe* Einstellung mitbestimmt und von einem *Les* sowie *iLes* Verhaltenstrend begleitet.

Nach außen bildet dabei ein *Säg*, aber auch *iSäg* Stil der Begegnung mit der Welt an sich und der Gesellschaft, der von einem *Säs* sowie *iSäs* Verhalten unterstützt wird. Der Umwelt wendet dieser Mensch sich nämlich im allgemeinen *Up*, wenn auch *iUp* zu, während von seinem Überich *Üp* und *iÜp* Impulse ausgehen, die seine Haltung zu und in dieser Welt mitformen. Das von *e* und *ie* Zügen bestimmte Herausgehen aus sich führt in Verbindung mit der *j*, aber auch *ij* Orientierung von innen heraus zu einem *Uy* und *iUy* Verhaltensstil bei einer *Uys* und *iUys* Reaktionsweise. *w* sowie *iw* bestimmen dabei zusammen mit *t* taxonomischen Vorstellungen und *it* Bedürfnissen die *So* und auch *iSo* Einstellung zur Welt an sich und *Sos* und *iSos* Verhaltenstrends in ihr.

In sozialer Hinsicht wirkt die Persönlichkeit *Mn* und *iMn* bei vorwiegend *Mns* und *iMns* Verhaltensweisen. Dahinter steht im allgemeinen eine *Geg*, aber auch *iGeg* Einstellung zur Gemeinschaft mit anderen bei *Ges* und *iGes* Reaktionsweisen. Verbunden damit ist eine *Kp* zugleich auch *iKp* soziale Ansprechbarkeit, und das bei einer *Bp* Einstellung mit *iBp* Zügen zu humanen Fragen und Beziehungen. Entscheidend sind hierbei einerseits eine *v*, aber auch *iv* Gefühlslebhaftigkeit und andererseits eine *h* und *ih* wirkende Gefühlsart. Hinzu kommen *u* und *iu* als universale Interessen sowie *x* und auch *ix* als humane Grundbedürfnisse, die die Ausrichtung der sozialen Gefühle beeinflussen. Das führt logischerweise zu einem *By* sowie *iBy* inneren Bindungsstil bei einem *Bys* und *iBys* Bindungsverhalten. Dazu gehören dann

Sg aber auch *iSg* Einstellungen verbunden mit *Sgs* und *iSgs* Tendenzen im inneren Kontext mit sich und anderen Menschen.

Sobald es um die Auseinandersetzung mit und das Leben in der sozialen Umwelt geht, stößt man bei diesem Menschen auf *Gbg*, aber auch *iGbg* Züge sowie ein *Gbs* und *iGbs* Verhalten. Dieses ist gepaart mit einer *Gp* Bewältigungsweise verbunden mit *iGp* Zügen sowie einer *Sp* und *iSp* Anpassung, die auf einer *a*, wenn auch *ia* Gestaltungsaktivität und einem *p* Hingabestil mit *ip* Tendenzen basieren. Dementsprechend ist von einem *Gy* und *iGy* Gestaltungsstil in sozialen Beziehungen auszugehen, und das bei *Gys* und *iGys* Reaktionsweisen. Hierbei wirken *b*, aber auch *ib* Bewältigungsverlangen und *c* sowie *ic* richtungsweisend mit, was zu *Ge* und auch *iGe* als Zielsetzungen und *Gse* verbunden mit *iGse* Einstellungen im Umgang mit Menschen und sozialen Gegebenheiten führen dürfte.

Im Umgang mit den Dingen, Problemen und Aufgaben des Lebens und auch des Berufs stößt man im vorliegenden Falle generell bei diesem Menschen auf einen *Wt* und doch *iWt* wirkenden Handlungsstil auf der Basis einer *Wts* und *iWts* Handlungsstruktur. Dabei werden die mannigfachen Eindrücke von ihm *Weg*, aber auch *iWeg* erfaßt, was auf dem Hintergrund einer *Wes* Grundauffassung des Geschehens mit *iWes* Zügen zu werten ist. Die allgemeine Einstellung zu derartigen Situationen erscheint dabei *Ep* und *iEp*, wobei die erfaßten Inhalte weitgehend *Op* und *iOp* verarbeitet werden dürften. Naturgemäß wird die Art, wie die Eindrucke erfaßt und verarbeitet werden weitgehend von dem *m*, jedoch auch *im* Selbstgefühl und der *d* sowie *id* Grundstimmung beeinflußt. Natürlich spielen dabei auch *q* und *iq* Qualitäts- sowie *o* und *io* Ordnungsbedürfnisse eine nicht zu unterschätzende Rolle. Dementsprechend ist von einem *Sy* und auch *iSy* Haltungstil sowie einem *Sys* und *iSys* Verhaltenstrend auszugehen. Die Wahrnehmung als Basis des Erfaßten wird dabei von *Wa* und auch *iWa* Zügen sowie den zugehörigen *Was* und *iWas* Weltbetrachtungstendenzen bestimmt.

Der Umgang mit den Situationen, Dingen, Aufgaben und Problemen wird im allgemeinen von einem *Wbg* aber auch *iWbg* Aktionsstil im Rahmen einer *Wbs* sowie *iWbs* Weltbewältigungsweise geleitet. Dahinter stehen einerseits Züge von *Fp* und *iFp,* andererseits solche von *Tp* und *iTp.* Als Quellen wirken vom Verlauf her sowohl *k* als auch *ik* sowie *r* als auch *ir.* Dem entspricht dann ein *Ey* Arbeitsstil mit *iEy* Reaktionsweise zusammen mit einem *Eys* und *iEys* Einsatzverhalten. Die Richtungsgebung bleibt dabei weitgehend von *f* und *if* sowie von *n* und *in* abhängig. Dementsprechend wird die Handlungsorientierung im allgemeinen *Or* aber auch *iOr* erscheinen. Das wiederum geht auf die *Ors* und *iOrs* Strukturen zurück.

Dabei bringt er eine *Iy* Denkbegabung mit. Die *Wy* ausgeprägte Willens- und Bewußtheitsfähigkeit steht wie die anderen Begabungen im Dienste der aufgezeigten Persönlichkeitszüge und wird von ihnen eingesetzt. Insgesamt gesehen entwickelt er an integrierenden, d.h. verarbeitenden Begabungen *we,wm,wk* Bewußtheit und *dk,dp,de* Denken. Bei *we* Entscheidungsweise und Bewußtheitsklarheit kann er das Wesentliche geistiger Probleme *dk* erkennen, d.h. zugleich analytisch denken. Auf dieser Grundlage entwickelt er eine *we#dk* Urteilsweise. Auf die Vielfalt der Eindrücke spricht er *wm* an, wie es seinem Bewußtseinshorizont entspricht. Innere, aber auch äußere Informationen nimmt er geistig *dp* auf, um sie im Zuge der Informationsverarbeitung zu nutzen. Das ist die Grundlage für eine *wm#dp* Lernweise und Informationsverarbeitung. Da er zudem über die Fähigkeit verfügt, sich seiner Bewußtheitsschärfe entsprechend *wk* zu konzentrieren und seine Gedanken und Denkinhalte *de* miteinander zu verknüpfen, steht ihm eine *wk#de* Kombinationsweise zur Bewältigung praktischer Probleme zur Verfügung.

Auf Seiten der assimilierenden, gestaltenden Begabungen finden sich *Vy* Vorstellungs- und *Fy* Fertigungsfähigkeiten. Das *vl* lineare Vorstellvermögen als Basis der Distanzeneinschätzung verbindet sich mit *ff* Fingergeschick zu *vl#ff* Feingeschick. Von der Handfertigkeit her erweist er sich als *fh* entwickelt, und das bei *vp* Formvorstellungsvermögen, so daß damit zu rechnen ist, daß er handwerklich *vp#fh* arbeiten wird. Infolge der *vk* ausgebildeten räumlichen Vorstellfähigkeit und *fk* wirkenden Bewegungskoordination kann im allgemeinen mit einer *vk#fk* Ausführungsweise bei Gestaltungsprozessen gerechnet werden.

Als Material zur Lebensbewältigung und Informationsverarbeitung stehen dieser Persönlichkeit aus subjektiver Sicht insgesamt *Cy und iCy*, dabei

- *nul und inul* zu lebenspraktischen Themen
- *gei und igei* zu geistigen und wissenschaftlichen Fragen
- *pub und ipub* gesellschaftlicher und weltlicher Art
- *wel und iwel* weltanschaulicher und ideologischer Art
- *kus und ikus* kultureller und sprachlicher Art
- *ige und iige* humaner, psychologischer und pädagogischer Probleme
- *maf und imaf* zu Führungs- und Dominationsproblemen
- *men und imen* zu sozialen und Servicethemen
- *wek und iwek* zu Werk- und Qualitätsfragen
- *fos und ifos* zu formalen und Ordnungsstrukturen
- *fot und ifot* zu technologischen und progressiven Problemen
- *bog und ibog* zu ökonomischen und Sicherungsproblemen zur Verfügung, die zusammen mit den Eigenschaften der Persönlichkeit die vorhandenen Begabungen........ ausgerichtet erscheinen lassen.

Dementsprechend liegen ihm Aufgaben und Betätigungen folgender Art am ehesten:

Zu bedenken sind im Rahmen der Lebensgestaltung als hintergründige Störungsquellen dynamischer und struktureller Art:

ORIENTIERUNGSWEISE[52]

Seiner Verhaltensstruktur entsprechend benötigt der Beurteilte zur erfolgreichen Orientierung im Leben und zu effektiven Lernen möglichst *Pv und Rv* Situationen. Passend wäre dazu eine *Üv und Uv* Umgebung, wobei *Kv* soziale Beziehungen mit *Bv* Bindungen die Effektivität seiner Orientierung und seines Lernens unterstützen könnten. Die Aufgaben sollten *Gv* und *Sv* Reaktionsweisen erfordern. Dabei sollte die Darbietung aufzunehmender Inhalte *Ev* und *Ov* erfolgen. *Fv und Tv* sollten den Lehrprozeß bestimmen.

---

[52]ab hier stehen die Codes für Kombinationstermini aus angemessenen und unangemessenen Werten

ARBEITSSTIL UND EINSATZBEREICH

Der persönliche Arbeitsstil bestimmt den günstigsten Tätigkeitsbereich. Daher wird das Wirken des Beurteilten am effektivsten sein, wenn die jeweiligen Aufgaben *Pv und Rv* Einstellungen verlangen. Es werden ihm Aufgaben besonders liegen, die *Uv* und *Üv* Umweltsituationen bieten, die zudem *Kv* soziale Umstände mit *Bv* inneren Beziehungen zu anderen Menschen aufweisen. Arbeiten, die eine *Gv und Sv* Reaktionsweise voraussetzen, bieten ihm gute Entfaltungsmöglichkeiten. Dabei sind Tätigkeiten zu bevorzugen, bei denen die Situationen *Ev* erfaßt und *Ov* bearbeitet werden müssen. Der Aufgabenbereich sollte dazu *Fv und Tv* in der Einsatzweise verlangen.

FÜHRUNGSVERHALTENSSTIL

Bei einem Einsatz in Führungsfunktionen hängen die Erfolge stets vom Zusammenpassen des Verhaltensstils des Führenden und der Sozialstruktur des Führungsbereiches ab. Bei diesem Menschen ist dabei zu berücksichtigen, daß seine Grundhaltung eher *Ayv* Natur ist und eine *Lev* Einstellung ihn beherrscht. Er wird die jeweiligen Aufgaben *Gyv* in Angriff nehmen, wobei er sich auf *Gev* konzentriert. Mit der in derartigen Funktionen übertragenen Verantwortung geht er im allgemeinen *Syv* um, was auch mit seiner *Wav* Betrachtungsweise zusammenhängt. Sein Vorgehen und Handeln wirken im Zusammenhang damit *Eyv,* wobei die *Orv* Aufgabenorientierung zu bedenken ist. Die *Uyv* Umgangsweisen und *Sov* Verhaltensformen sind dabei zu berücksichtigen.

SINNESFUNKTIONEN

Bei *ss* Sehschärfe, *sh* Helligkeitsadaption und *ft* Farbunterscheidungsfähigkeit hört er *ht,* und das über ein *hd* Frequenzband. Auf Gerüche reagiert er im allgemeinen *ge* differenziert und empfindlich. Geschmacklich erkennt er *gn* Nuancen. Er erscheint *tk* aufgeschlossen für hautnahe Berührungsreize. *tg* Druckunterschiede vermag er zu erfassen. *wn* widerstandsfähig erscheint er gegenüber Wärmeeinflüssen und *kn* gegenüber Kältereizen. Die Schmerzempfindsamkeit dürfte *sn* sein.

ÄUSSERES

Dabei entwickelt er *kk* Muskelkraft und *kb* körperliche Robustheit und Belastbarkeit. In seinen körperlichen Bewegungen erscheint er *kw*, wobei dem äußeren Anschein nach k*g* Beeinträchtigungen der Gesundheit vorliegen. Rein äußerlich wirkt er *iw*. Seine Umgangsformen sind *um* bei *au* Auftreten. Das Äußere ist *sg*, wobei er der direkten Ausdrucksweise der Umwelt *aw* verständnisvoll begegnet und auch indirekte Äußerungen derselben *an* aufgeschlossen gegenübersteht. *D*ie Art, sich sprachlich auszudrücken erscheint *vf* geschickt und differenziert. Nichtsprachlich vermag er sich *sf* verständlich zu machen.

FACHLICHE FUNKTIONEN

Nach vorliegenden Informationen scheint er über eine *ab* Allgemeinbildung und *le* Lebenserfahrung zu verfügen. Das Sachwissen auf dem Gebiete *A* erscheint *fnA*,wozu er auf *fuB*-Niveau für *B* einschlägige Erfahrungen mitbringt. Im Fach *C* liegt das Fachwissen auf *fnC*-Niveau. Berufserfahrung in *D* zeigt er auf *fuD*-Ebene. Dazu kommt im Bereich *E* Fachwissen auf *fnE*-Niveau und in *F* Fertigkeiten auf *fuF*-Ebene. Im Fach *G* bewegt sich sein Wissen auf *fnG*-Niveau. Das berufliche Können in *H* entspricht der *fuH*-Ebene. Hinzu kommen *fe* Führungs- und *pe* pädagogische Erfahrungen.

.-.

Physisches Teilsystem und Steuerung

Die physischen Systemaspekte

Als kybernetisches IVS weist auch das physische Teilsystem 4 Aspekte auf, wobei der **sigmatische** als Aspekt des Materials und der Beschaffenheit weitgehend durch die anatomischen Werte bestimmt sein könnte, also die Organe, Knochen, Gelenke, Muskeln usw.. Dem **syntaktischen** Aspekt würden die physischen Verknüpfungsfunktionen und -fähigkeiten, wie nervöse Prozesse, aber auch Steuerungen über Hormondrüsen zufallen. Die Verlaufsformen, Rhythmen und Tempi bestimmenden Komponenten gehörten dementsprechend zum **pragmatischen** Aspekt. Die **Semantik** könnte Komponenten umfassen, die Richtungen, Ausrichtungen und Wirkungsziele bestimmen, also auch solche, die durch Mangelerscheinungen den Organismus nach Abhilfe suchen lassen, etwa Hunger, Durst usw., die keineswegs Triebe, sondern Wahrnehmungen körperlicher Mangelzustände sind, die zum Auslöser des Handelns werden.

Im Gegensatz zum psychischen Teilsystem ist das physische für uns wahrnehmbar. Daher bedarf es hier der intensiven Beobachtung desselben, um deren Komponenten und deren Anzahl herauszufinden. Und daher wird sich die Zahl der Elemente sicher nicht auf 12 beschränken[53], wenn sie evtl. auch aus den Komponenten gebildet werden müssen und folglich auch nicht von unseren Denkkategorien abhängen. Hier helfen daher auch keine philosophischen und erkenntnistheoretischen Überlegungen, sondern nur harte naturwissenschaftliche Analyse und Messung. Das wiederum heißt, daß ein brauchbares und zutreffendes physisches Beschreibungssystem Aufgabe der Biologen und Mediziner ist und bleiben muß. Die Frage ist nur, wie sie zu einer Ordnung der Vielfalt ihrer Beobachtungen kommen.

Allerdings muß man sich auch darüber klar sein, daß umfassende und systematische positive Ergebnisaussagen zum physischen Teilsystem eines Individuums solange nicht gemacht werden können, wie ein solches

[53] wenn auch in der Quantenphysik diese Zahl neuerdings wieder erscheint.

Beschreibungssystem nicht existiert[54]. Und das gilt dann auch für die Bestimmung komplementärer Erscheinungen zwischen physischen und psychischen Systemen. Zweifeln muß man jedoch an exakten generellen Komplementaritäten, da die psychische Interpretation von Steuerungssignalmustern individuell unterschiedlich ist. Auch physisch werden Steuerungssignalmuster anscheinend individuell unterschiedlich aufgenommen. Das zeigt sich etwa in unterschiedlichen Reaktionen auf manche Medikamente besonders deutlich.

Systemsteuerung

Als Steuerungssignale kennen wir heute einerseits Nervenimpulse andererseits chemische „Extradosen", wie Hormone etc., die teils der Erhaltung und Ablaufsteuerung dienen, teils als Reaktionsauslöser wirken, und das sowohl im psychischen als auch im physischen Teilsystem, teilweise mit gleichen, teilweise mit unterschiedlichen, aber fast immer sehr spezifischen Reaktionserscheinungen. Anders sieht das bei den Nervenimpulsen aus, die sich nicht materiell, sondern in Frequenz und Amplitude voneinander unterscheiden und zudem durch Frequenz- und Amplitudenmodulation Signalmuster hervorbringen. Weitere Unterschiede sind wahrscheinlich schon dadurch bedingt, daß die Impulse sich in bestimmten Nervenbahnen bewegen. Hinzu kommen externe Steuerungsimpulse, etwa durch Medikamente, Drogen, aber auch durch Auslösung innerer über Einwirkungen aus der Umgebung. Dazu gehören auch schockartige Erlebnis- und Traumatakonfigurationen. Auf jeden Fall finden wir eine bis heute noch nicht vollständig sortierte Fülle von Informationsarten-, muster und -formen.

Betrachten wir in diesem Zusammenhang etwa zunächst einmal aus den Sensoren eingehende Signalfolgen, etwa der Wärmesensoren. Sie liefern in ihrer Pulsfolge im sensorischen Nerven ein genaues Abbild der Tempera-

[54] weshalb z.B. in Eignungsfragen immer noch zunächst die Übereinstimmung zwischen psychischen Anforderungen und psychischen Strukturen bestimmt werden muß und erst dann punktweise untersucht werden kann, ob und inwieweit dem physische Hinderungsgründe im Wege stehen.

tur am Sensor. Die Wahrnehmung ist dann ein relatives Bild, das vom momentanen Zustand der empfangenden Individualinstanz, u.a. auch ihren Erwartungen und Vorwahrnehmungen abhängig ist, selten der tatsächlichen Temperatur entspricht. Enger, wenn auch nicht absolut an die entstehende nervöse Signalfolge hält sich dagegen das körperliche Teilsystem durch Ausdehnung oder Zusammenziehung der entsprechenden Hautpartien und eine entsprechende Blutversorgungsanpassung.

Wir haben es hier also mit ungleichen Wirkungen von Steuerungsinformationen bei verschiedenen Individuen in psychischer Hinsicht und in physischer zu tun, wobei die physischen und psychischen Wirkungen auf gleiche Signalmuster generell sehr unterschiedlich sein können. Und so kann eine gemeinsame Steuerung für beide Teilsysteme durchaus die Realität erklären, vorausgesetzt, man geht davon aus, daß das physische und das psychische System komplementäre, selbständige Systeme sind, die jeweils in ihrer eigenen evtl. individuellen Art auf bestimmte Signalfolgen und -muster reagieren. Die Annahme einer Triplexität (s.o.) erscheint mir dazu nicht nötig, würde außerdem erfordern, daß ein weiteres selbständiges System mit allen Aspekten anzunehmen ist, und das würde dem Satz von Occam widersprechen.

So ergibt sich dann für den Menschen ein kybernetisches Doppel-IVS mit einem physischen und einem psychischen Teilsystem, die ständig einerseits aufeinander einwirken, ohne voneinander abhängig zu sein, die andererseits über eine gemeinsame Steuerungszentrale gelenkt werden, deren Signalmuster von jedem Teilsystem in eigener Weise interpretiert werden, und das häufig in sehr individueller Weise. Ganz besonders deutlich wird dieses natürlich im Psychischen. Man braucht dazu nur einmal an die Auswirkungen unterschiedlicher Weltanschauungen in den verschiedenen Kulturen auf gleiche äußere dingliche und gesellschaftliche Umstände zu denken[55]. Das spricht dann aber dafür, daß die angeführte Suche nach allgemeinen Interpretationen der Signalmuster im Sinne einer generellen Komple-

[55] was auch im physischen Bereich vorkommt.

mentarität höchstens hier und dort Erfolge haben wird, vielleicht noch eher im physischen als im psychischen Teilsystem.

Zusammenfassung

Nach einem kurzen lexikalischen Blick auf den Stand der Diskussion des Leib-Seele-Problems und einigen grundlegenden Überlegungen zur Systemtheorie und der Beschreibungsmöglichkeiten für Systeme habe ich versucht, anhand psychosensorischer und verhaltensanalytischer Überlegungen ein erstes Licht auf die Beziehungen zwischen Physis und Psyche zu werfen, wobei sich deutliche Unterschiede zwischen Physis und Psyche herausstellten, aber auch enge Beziehungen deutlich wurden, etwa wie bei zwei rückgekoppelten Systemen.

Nach Entwicklung einer differenzierten Beschreibung für das nicht wahrnehmbar, nur erschließbare psychische System auf der Basis der Denkkategorien ergab sich, daß eine ähnliche Beschreibung für das physische Teilsystem nicht zu gewinnen ist, weil es im Gegensatz zum psychischen wahrnehmbar ist. Erst, wenn Biologen und Mediziner ein solches erstellt haben, wird man herausfinden können, welche generellen Komplementaritäten zwischen beiden bestehen. Einstweilen läßt sich nur feststellen, daß wir es mit zwei selbständigen, aber unterschiedlichen Teilsystemen zu tun haben, die über eine gemeinsame Steuerungszentrale mit Steuerungsmustern oder -informationen versorgt werden, die sie aber keineswegs gleich interpretieren, und das häufig zudem in recht individueller Weise, so daß vielfach keine generellen Bedeutungen der Signalmuster zu gewinnen sein werden.

Literaturverzeichnis

Anschütz, H.	Kybernetik, 4. Aufl. Würzburg 1979
Arnold/ Eysenck/ Meili	Lexikon der Psychologie, Freiburg 1987
Ashby, W.R.	Einführung in die Kybernetik, 2. Aufl. Frankfurt 1985
Bareuther, Herbert u. a.	Traum und Gedächtnis, Münster 1995.
Benesch, Hellmuth	Zwischen Leib und Seele. Grundlagen der Psychokybernetik. Frankfurt am Main 1988.
Birbaumer, Niels / Schmidt, Robert F.	Biologische Psychologie. Berlin u. a. [3]1996.
Bourne, Lyle E. / Ekstrand, Bruce R.	Einführung in die Psychologie. Aus dem Amerikanischen. Eschborn [2]1997.
Campenhausen, Christoph von u. a.	Die Sinne des Menschen. Einführung in die Psychophysik der Wahrnehmung. Stuttgart [2]1993.
Cattell, R.B.	Personality, 1950
Cattell, R.B.	Die empirische Erforschung der Persönlichkeit, 2. Aufl. Weinheim
Chomsky, N.	Sprache und Geist, Frankfurt 1970
Churchland, Patricia Smith	Neurophilosophy. Toward a unified science of the mind-brain. Neudruck Cambridge, Mass., 1996.
Damasio, Antonio R.	Descartes' Irrtum. Fühlen, Denken und das menschliche Gehirn. Aus dem Englischen. Taschenbuchausgabe München [2]1997.
Eccles, John C.	Gehirn und Seele. Erkenntnisse der Neurophysiologie. Taschenbuchausgabe München u. a. [3]1991.
Eccles, John C.u.a.	Die Evolution des Gehirns - die Erschaffung des Selbst. Aus dem Englischen. München [3]1994.
Eibl-Eibesfeld, I.	Die Biologie des menschlichen Verhaltens (Sonderausgabe der 3. Aufl. Weyarn 1997)
Flechtner, H.J.	Grundbegriffe der Kybernetik, dtv, München 1984
Graumann, C.F.	Einführung in die Psychologie 7 Bände, 1969ff
Grefe , Christiane. u. a.	Sinne und Wahrnehmung. Hamburg 1997.
Guilford	Persönlichkeit, 2./3. Aufl. Weinheim 1965

Guski, Rainer u. a.	Wahrnehmen. Ein Lehrbuch. Stuttgart 1996.
Haken/Haken-Krell	Entstehung von biologischer Information und Ordnung, Darmstadt 1989
Kebeck, Günther u.a.	Wahrnehmung. Weinheim [2]1997.
Klaus, G.	Kybernetik in philosophischer Sicht, Berlin 1961
Klaus, G. (Hrsg.)	Wörterbuch der Kybernetik, 2 Bände, Frankfurt 1969
Klix/Sydow(Hrsg.)	Zur Psychologie des Gedächtnisses, 2. Aufl. 1980
Knopp, K.	Funktionentheorie I und II, Sammlung Göschen, Bd. 668 und 703
Knopp, K.	Elemente der Funktionentheorie, Sammlung Göschen Band 1109
Köster, P.H.	Deutschland Deine Denker, 2. Aufl. Hamburg 1980
Krech/Crutschfield	Grundlagen der Psychologie, 2 Bände 1970
Laux, G. u.a.	Psychopharmaka. Ein Leitfaden. Stuttgart u.a. [3]1990.
Lem, S.	Summa technologiae, Frankfurt 1981
Mitscherlich, A.	Auf dem Wege zur vaterlosen Gesellschaft, Serie Piper 45
Penrose, R.	Computerdenken, Spektrum-Heidelberg, ohne Jahreszahl
Pervin, L.A.	Persönlichkeitstheorien, München-Basel 1993
Popper, Karl Raimund und John C. Eccles u. a.	Das Ich und sein Gehirn, Aus dem Englischen. Taschenbuchausgabe München [6]1997.
Prigogine u. Stengers	Dialog mit der Natur, München 1980
Ravn, I.	Chaos, Quarks und schwarze Löcher, München 1995
Rohracher, H.	Einführung in die Psychologie, 5. Aufl.
Rohracher, H.	Die Arbeitsweise des Gehirns und die psychischen Vorgänge, 1967
Roth, E.	Persönlichkeitspsychologie, 6. Aufl., Stuttgart 1981
Ruch/Zimbardo	Lehrbuch der Psychologie, 2. Aufl. 1975
Singer, Wolf	Gehirn und Bewußtsein, Heidelberg u. a. 1994.
Singer, Wolf	Gehirn und Kognition, Heidelberg 1992.
Vester, F.	Neuland des Denkens, München 1984
Waszkewitz, B.	Komplexe Systeme, Chaos und Erkenntnis, ibidem-Verlag, Stuttgart 1998
Waszkewitz, B.	UP TO DATE 2002, ibidem-Verlag, Stuttgart 2002
Waszkewitz, B.	Psychologie der Persönlichkeit, Stuttgart 2003

Waszkewitz, B.	Lexikon der Persönlichkeitsmerkmale, Stuttgart 2003
Waszkewitz, B.	Kybernetische Konstruktkonzeption, Stuttqart 2003
Wiener, N. u. a.	Kybernetik. Regelung und Nachrichtenübertragung im Lebewesen und in der Maschine. Aus dem Amerikanischen. Neuausgabe. Düsseldorf 1992.
Witting	Differentialrechnung, Sammlung Göschen, Bd. 87, 1949
Zenner, Hans-Peter u. a.	Physiologie der Sinne, Heidelberg 1994.
Zimbardo, Ph.G.	Psychologie, 6 Aufl. Berlin... 1995
Zimbardo, Philip G. / Gerrig, Richard J.	Psychologie. Aus dem Englischen. Berlin u. a. [7]1999.

ibidem-Verlag
Melchiorstr. 15
D-70439 Stuttgart
info@ibidem-verlag.de
www.ibidem-verlag.de
www.edition-noema.de
www.autorenbetreuung.de